仕事で大切なことは孫子の兵法がぜんぶ教えてくれる

長尾一洋
Kazuhiro Nagao

KADOKAWA

はじめに

孫子は、今からおよそ2500年前、中国春秋時代の斉の国に生まれ、呉の国王に仕えた兵法家、孫武《そんぶ》が著したとされる、最古にして最高の兵法書です。

本書は、この孫子の兵法を、現代の仕事やビジネスに応用し、役立てていただくための入門書です。

2500年も前の、中国の、それも戦争の話を聞いても、古臭くて現代には役に立たないだろうと考えないでください。時代の変化を超え、長い年月を通じて、洋の東西を問わず評価され続けて来た古典（孫子）には、それだけの中身があり、その時代時代に応用できる知恵が凝縮されているのです。

孫子はそもそも、6000字ほどの短い文献です。本書は、さらにその中から現代人の仕事やビジネスに役立ちそうな部分をピックアップして、わかりやすく解説したものですから、本書を読んで、孫子に興味を持ってもらって、原典を当たっていただくのもいいなと思います。しかし、「古典はちょっと苦手で……」という人も多いですね。実は、私もそうです。いや、そうでした、と過去形にしておかないと信用を失いそうですが、そういう人でも読みやすくしたのが本書です。

安心してください。漢文はありません。日本語に読み下したものだけです。しかし、「超訳」にして、元の孫子が何を言っていたのかがわからなくなるのは避けました。私自身が、古典を「超訳」されると、「本当は何と言っていたのだろう」と気になるからです。著者が都合よく捻じ曲げて訳しているだけではないのかと疑いたくなるのです。

そこで、漢文そのままではなく、日本語読み下しで、孫子の元の内容を紹介し、その現代語訳をつけた上で、仕事やビジネスに応用するための解説を施す形にしています。解説部分には、私が30年ほどの経営コンサルタント経験を通じて、見て、聞いて、触れたビジネスの実践例を注入して、孫子の兵法を21世紀の仕事に応用してもらいやすいようにしました。

孫子に珠玉の知恵が含まれていると言っても、２５００年前の戦争の仕方が書いてあるわけですから、そのまま訳して読むだけでは、古典の研究や勉強にはなるのですが、現代の仕事には役立ちません。孫子の言葉を読み込みつつ、その心となり、その頭となって、孫武が今、目の前に現れて、自分に仕事上のアドバイスをするとしたら、何と言うだろうかと考えてみないといけないのです。私は、その孫子の現代への応用を得意とする「孫子兵法家」です。

「兵学者」ではなく「兵法家」であることが大事なのですが、その違いについては海音寺潮五郎さんの小説『孫子』の一節を引用してご紹介します。

「兵学者とは古来の兵法をよく誦んじ、古今の戦史をよく知り、兵制の変遷などを研究している者です。しかし、単にそれだけの人々です。兵法家は、機に臨み、変に応じて、最も適当した戦術の案出が出来るなら、古人の兵法など知らんでもよいのです。もちろん、古人の兵法を知っていてもよろしい、古今の戦史に通じていてもかまわない。ただ、それを実際に応用するにあたっては、独自の機略をもって自在の運用をしなければならないのです。それが兵法家です。」(『孫子』毎日新聞社刊)

私は、中国文学者でも、兵法研究家でもなく、実戦のビジネス現場で日々戦っている企業経営者であり、経営コンサルタントですから、この小説『孫子』を読んでからは、中国語や古代の歴史に詳しい学者の先生と区別してもらうために「孫子兵法家」を名乗っています。

試しに、WEBの検索で「孫子兵法家」と入れてみてください。1ページ目に私の名前がドドーッと出てきます。私の独自領域、ブルーオーシャンだからです。このこと自体が、孫子兵法の応用実践です。「戦わずして勝つ」です。WEBの世界に、孫子を解説する「兵学者」の先生はいないのです。「孫子」の本を私よりたくさん書いている先生はいますが、WEB上では、私がダントツです。そして「孫子兵法家」という言葉自体が私のオリジナルです。勝手に名乗るなと言う人もいるかもしれませんが、独自領域を誰かが確保してくれるわけはなく、独自のものなのだから自分で決めるのみ。「人を致して、人に致されず」です。2500年前の孫子の兵法を用いて、WEB上で戦っているのです。実戦ノウハウです。面白いでしょう? 孫子の兵法を応用することで、WEBのような最新のフィールドに、勝てる領域を作り出すことができるのです。

私は、孫子を20代、30代、40代の若い人に読んでもらいたいと考えています。孫子などの古典はどうしても年配のベテラン向けのように思われがちですし、確かに年配の人に古典ファンが多いわけですが、若いからこそ、古典や歴史から学び、経験の無さや知識の足りなさを補うべきだと思うのです。私自身も、20代から経営コンサルタントをしていたので、50代、60代、70代の経営者に物申すために孫子の勉強を始めました。若造が偉そうなことを言っても聞いてもらえないので、「私じゃなくて孫子が言っているんですけどね」と言いながら提案したりしたのです。これが効果てきめん! 私が言うと聞く耳を持ってくれないのに、「孫子が言っているなら」と受け入れてくれるのです。本書は、こうして培ってきた孫子のビジネス応用の知恵を凝縮したものです。もちろん、50代オーバーの方にも読んでもらいたいですが、若い人が孫子に興味を持つキッカケとして読んでいただけたらと思います。

孫子は、計篇、作戦篇、謀攻篇、軍形篇、勢篇、虚実篇、軍争篇、九変篇、行軍篇、地形篇、九地篇、用間篇、火攻篇の十三篇で構成されています。

多くの孫子の解説書では、十二番目に火攻篇を置き、最終の十三番目に用間篇を置いていますが、現在発見されている最も古い残存資料である竹簡本の篇目では、用間篇を十二番目に、火攻篇を十三番目としており、「火攻篇は孫子全体を締めくくるにふさわしい内容を備えているから、それが本来の体裁であったと思われる」とする、浅野裕一氏の説（『孫子』講談社学術文庫）に私も同感なので、十二番目に用間篇、十三番目に火攻篇を並べています。

本書は、その十三篇に沿って十三章で構成されています。元々の原文は、各篇ごとにある程度テーマ別に分かれているのですが、内容が重複したり、一部入れ替わっているのではないかと思うような部分もあったりします。その辺りが古典らしいところでもありますね。そこで、本書は敢えてテーマ別に順番を入れ替えたりせず、元の十三篇に出てくる順番でトピックを整理しています。

紀元前500年前後に書かれたであろうとされる孫子は、司馬遷（前145〜前86）による『史記』には、兵法書として広く読まれていたという記述があり、三国志で有名な魏の曹操も孫子の注釈書を残しているくらいですから、2000年以上にわたって高い評価を得てきたものであることは間違いないでしょう。

日本では、八世紀に、唐から吉備真備《きびのまきび》が持ち帰ったとされ、戦国時代に甲斐の武田信玄が孫子の一節から引用した「風林火山」の旗印を使っていたことが有名です。幕末には、山鹿流兵学の師範でもあった、長州の吉田松陰が『孫子評註』という孫子解説を書いたりしています。現代でも、ソフトバンクの孫社長が孫子の兵法を応用した経営法則を編み出した話はよく知られていますし、多くの企業経営者が孫子の兵法を経営に応用しています。

西洋に目を転じれば、ナポレオンが孫子を愛読していたと言われていたり、米国のペンタゴンでも孫子の研究が行われているそうです。マイクロソフトの創業者、ビル・ゲイツも孫子を愛読していたとも言われ、軍事関係は当然として、やはり企業経営者がビジネスに応用する例が少なくありません。

国や時代は違っても、やはり戦争という人の命をやり取りする究極の場面においいて、人がどう動くか、組織はどうあるべきか、どうやって生き抜くか、という人間の本質や本性を見抜いた孫子の深い洞察には、参考になる点が多いのでしょう。

私自身も、企業経営者として、四半世紀にわたって、人や組織の問題、経営戦略やマネジメントなど数多くの壁や難題にぶち当たってきましたが、その多くを孫子の兵法で乗り越え、プラスに転じてきました。

まさに、仕事で大切なことは、孫子の兵法がぜんぶ教えてくれたと言っても過言ではありません。

現代社会は、孫子が書かれた春秋時代同様、変化の激しい乱世に突入しています。人口減少とそれに伴う高齢化で膨大な借金を余儀なくされている日本はもとより、世界中が行き詰まり、混沌としている状況です。だからこそ時代を超えてきた孫子の知恵を活用したいわけですが、「これをやればこうなる」と簡単な勝利の方程式があるわけではありません。

そこで、本書では、「負けない」ということをキーワードにしてみました。勝てなかったにしても、負けなければリベンジもできます。日々の勝ち負けだけではなく、人生全体を考えれば80年、90年の長期戦です。社会人人生だけを考えても50年。最後まで生き残り、最後に笑うものが勝者だと考えれば、負けない者勝ち。ビジネスの世界を50年生き抜き、70歳前後に到達した時点でイキイキと元気で、前向きでいられるかどうか。そしてそこから先、10年か20年か分かりませんが、現役引退後も楽しくゆとりを持って家族や社会に迷惑をかけずに過ごせるかどうか。

そう考えると、目の前の敵を撃破して勝てるかどうかばかりを考えず、負けずに最後の最後まで勝ちを狙える状態でい続けることが大切ではないでしょうか。

実は、孫子自体が、勝つことよりも負けないことを重視した兵法です。リアルな戦争ですから、ヘタに戦って、負ければ国が亡び、人は死ぬことになります。勝とう、勝とうとばかり考えていては、命がいくつあっても足りませんから、まず負けないこと、負けない準備をすべきだと教えてくれているのです。

先の見えない激動の乱世には、「こうやったら勝てるよ」という安直な成功法則はありません。２５００年もの長きにわたり、学ばれ、読み継がれた孫子の兵法を地道に実践しながら、負けずに、最後まで生き抜きましょう。孫子の兵法はそのために大切なことを教えてくれているのです。本書が、孫子の兵法を実践するためのキッカケとなり、道しるべとなれば幸いです。

計篇

第1章 負けないためには準備に準備を重ねる

作戦篇

第2章 がむしゃらに攻め続けることをやめてみる

目次

謀攻篇

第3章 戦わなければ負けることはない

軍形篇

第4章 負けない「型」をつくっておく

第5章

勢い、スピード、タイミングを意識する

勢篇

第6章

あれこれやらずに一点に集中する

虚実篇

第7章 臨機応変に動いて先手を打つ

軍争篇

九変篇

第8章 変化をとらえてチャンスにする

行軍篇

第9章 味方を増やし、チームを組んで人を巻き込む

目　次

地形篇

第10章 「この人のためなら」と言われるリーダーになる

九地篇

第11章 窮地で覚悟を磨く

用間篇

第12章 情報の力で人を動かす

火攻篇

第13章 永遠に負けないために

編集協力◉横山愛麿
カバーデザイン◉松昭教（bookwall）
本文デザイン◉二ノ宮 匡（ニクスインク）

第1章

負けないためには準備に準備を重ねる

計篇

strategy 1

事前にどれだけ準備をしても足りることはない

孫子曰《いわ》く、兵は国の大事なり。死生の地、存亡の道、察せざる可《べ》からざるなり。故《ゆえ》に、之《これ》を経《はか》るに五事《ごじ》を以《もっ》てし、之を校《くら》ぶるに計を以てして、其《そ》の情を索《もと》む。

訳▼戦争は、国家にとって重要な問題であり、避けて通ることはできない。国民にとっては、生きるか死ぬかが決まる所であり、国家にとっては、存続するか、滅亡させられるかの分かれ道である。徹底して研究すべきことであって、決して軽んじてはならない。したがって、戦争においては5つのポイントを踏まえ、比較検討項目を研究して、戦況を正しくつかむことが必要となる。

「兵」とは、戦争のことです。2500年前の孫子の時代の中国は、まさに戦いの時代でした。

ひるがえって現在の私たちの人生を考えたとき、日々の選択を戦いだととらえると、孫子の教えが意味を帯びてきます。

人生にはいくつもの分かれ道があります。就職、結婚、転職、昇進——数多くの分岐点での選択を、戦いに置き換えてみましょう。まさに毎日が戦いであるはずです。

また人生には競争もあります。命を取られはしないにしても、仕事でも、学校でも、就職でも、現実には決まった枠に入るための競争があり、順位づけをされます。

こうした人生の戦いにおいて、ほとんどの人は「勝とう！」と考えています。

孫子も、勝つための方法を説いているのですが、単純に「勝とう！」と言っているのではありません。

行け行けどんどんではなく、「慎重に考えて戦え」と言っているのです。

事前に慎重に考えれば、戦う前から勝ち負けがわかるのです。流されたり、なんとなく選ぶのではなく、熟慮を重ねて、考え抜いて仕事をすることが必要なのです。

strategy 2

5つのポイントで自分の戦い方を見極める

一に曰《いわ》く道、二に曰く天、三に曰く地、四に曰く将、五に曰く法。

訳▼5つのポイントとは、「道（正しいあり方）」「天（自然）」「地（地形）」「将（リーダーシップ）」「法（軍法）」である。

では、負けないために、あらかじめよく考え、準備をして戦うにあたっての、判断基準は何でしょうか。

孫子は「五事」（5つのポイント）を挙げています。その5つが明確になっていると、戦況の判断がより正しくなるというのです。これを、現在の私たちに適用してみましょう。

自分の価値観や得意不得意、自分がどういうことに共感するか。そういうことをあらかじめ考える。つまり自分を知り、**オリジナルの判断基準をもつ**ということです。

(1) 道

個人で考えれば、使命感といってもよいでしょう。

自分はいまの仕事を、何のためにやっているのだろうと考えてみてください。仕事道です。

たとえば、お菓子のメーカーで働いている人であれば、お客様に甘いものを食べてホッとひと息ついてほしい、ちょっと幸せな時間をもってほしい、といったことかもしれません。

自分の仕事が、世のため、人のためにどういう価値があるのか、大局的に何のために働いているのか、を考えてみましょう。

(2) 天

これは、トレンド、時流、環境です。

どんな仕事にせよ、業界を取り巻く環境を知らなくてはなりません。技術革新とか、人口減少、地球温暖化、世の中の流れといった環境は、自分の手で変えることはできません。自然現象や気象を自在に操ることができないのと同じです。

常に時流を読むことが大切です。

(3)地

孫子がいう地とは、地形のことです。山があり、谷があり、川がある。自分の行く手を阻むこともあれば、作戦を後押ししてくれることもあります。どういうところで戦うかを考えろ、というのが元の意味です。

これを仕事に置き換えれば、競争環境です。競合他社などのライバルの動向のことだと考えられます。

ライバルとの関係性を考えてみましょう。自分はトップを走っているのか、二番手なのか、三番手なのか。では自分がその位置にいるのは、製品の特殊性によるものなのか、マーケットの地域性によるものなのか……。

ライバルを知ることは、自分自身を知ることでもあります。自分とライバルとをポジショニングしてみるのです。

(4)将

これはリーダーシップです。もちろん、部下をもつ立場のリーダーでもいいのですが、ここでは会社での立場には関係なく、自分が自分のリーダーであると考えてみましょう。

戦うのはあなたです。あなたが、孫子のいう国であり将軍なのです。

孫子は、リーダーには「智」「信」「仁」「勇」「厳」が必要だといっています。「智」は知恵です。「信」は信義信頼、信用。「仁」は思いやりや慈しみ。「勇」は、信念を貫くこと。「厳」は、自分にも人にも厳しく、やると決めたことをやりきること。

あなた自身が一国の主（あるじ）であることを自覚し、これらを身につけるのです。

（5）法

軍隊の法規というのは決まり事です。朝何時に起きて、何時にご飯を食べ、何時に片付けて、何時に出発するか。

これを個人に置き換えれば、自分に課す日々の習慣や、能力を高める努力です。

毎朝ジョギングをする。毎日必ず1時間本を読むといった、自分のための習慣、リズムをつくるのです。

そして、決めたら徹底して実行する。それが法です。

何をしたらよいのかわからないときは、過去の自分を振り返ってみるのもよいでしょう。

法にはそもそも賞罰の意味もあります。あなたがかつてほめられたことは何でしょう。得意なことは何だったでしょう。自分の強みを探してみてください。それをさらに伸ばすための習慣をつくると、あなたはさらに成長します。

これらの「五事」に注意して、行動を実践することができれば、自分がやるべき仕事、そして選択における判断基準がはっきり見えてきます。

また、この「五事」を考えることは、**自分は何をもって勝ち負けと考えるのかを知ること**にもつながります。

お金持ちになりたいという人もいれば、お金はそこそこでいいから悠々と暮らしたいという人もいるでしょう。長生きしたい人がいれば、激しく生きたい人もいるでしょう。

勝ち負けとは、その人なりにいろいろあるのです。自分にとっての勝ちとは何かと考えることが大切です。

負けない仕事をするためには、自分のやるべきこと（役割）がわかって、それを実行できること、そして自分にとって何が勝ちなのかを知ることが必要です。

strategy 3

準備の段階では迎合せずに主張する

将《も》し吾《わ》が計を聴かば、之《これ》を用いて必ず勝たん。之に留まらん。将し吾が計を聴かずんば、之を用うるも必ず敗れん。之を去らん。

訳▼（呉王が）もし、私の兵法を聴き入れ採用されるのであれば、私が将軍として軍隊を率いて必ず勝利します。したがってこの地に留まりましょう。もし、私の兵法を理解納得し、受け容れなければ、私が将軍となっても必ず敗北してしまいます。そうであれば、この地を去るしかありません。

これは、孫子自身が国王である呉王に対して、自分の採否について決断を迫っている場面です。

「五事」を使って自分の仕事の判断基準を見極めたら、簡単に曲げることなく、異なる考え方に対しては主張をぶつけるのです。

もし聞き入れられなかったのなら辞めてやる――孫子のようにそれくらいの覚悟をもってもいいでしょう。

会社や上司からは、さまざまな指示が出されます。そのときに自分の考えに沿わないと判断したら、「私は違うと思います」と言うのです。

また周囲の社員のやり方に違和感を覚えることがあるかもしれません。「それは間違っているのではないでしょうか」と声を出すのです。

周りに迎合してはいけません。安易に流されるのではなく、自分の信念をもって仕事にあたるのです。

とくに下準備の段階では、「おかしいな」と感じたらそれを上司や同僚に堂々とぶつけましょう。自分の「五事」を貫くのです。

そして、自分が間違っていると気がついたら、素直に反省して変えるべきところを変えればいい。修正していけばいいのです。

主張が強いことは間違ってはいません。主張が何もないよりも、はるかにましです。

私自身社長として、「自分はこう思います」「この指示はおかしいと思います」と言ってくる社員を求めます。

すると私はその社員の考えがわかります。勘違いなら説明できますし、「だったら、こういうこともできるんじゃないか」とアドバイスすることもできます。あるいはその社員の新しい側面を発見することで、別の仕事をさせて能力を開花させることもできるかもしれません。

もっとも困るのは、言われたことを不本意ながらも渋々やる社員です。これはいちばんムダな時間の過ごし方です。

もちろん、ひとりよがりではいけません。あなたの「五事」は、まだ未完成でその時点では間違った判断をしているかもしれません。

だからこそ、主張をするのです。ぶつかってみるのです。そして修正をするのです。言われた仕事をやっていればよかった時代は終わりました。これからは「私はこういう仕事がしたいんです」というくらいの主張をもって、頭を使って仕事をしなければなりません。

自分の仕事に強い執着をもちましょう。準備の段階では、迎合することなく、どんどん主張しましょう。

国王に対しても自分の信念を曲げずに進退をうかがった孫子のような姿勢が、負けない仕事をするためには必要です。もちろん、ものの言い方や態度には気をつけること。余計なことで感情的な対応をしたら、伝えたいことも伝わりません。

strategy 4

相手の期待を良い意味で裏切り、手柄は上司のものにする

兵とは詭道《きどう》なり。
故《ゆえ》に、能《のう》なるも之《これ》に不能を示し、用いて之に用いざるを示す。

訳▼戦争とは、相手を欺《あざむ》く行為である。
したがって、戦闘能力があってもないように見せかけ、ある作戦を用いようとしている時には、その作戦を取らないように見せかける。

「相手を欺く」とは、2つの意味にとらえることができます。

一つ目は、相手の期待を超え、良い意味で相手を裏切るということです。サプライズを起こすのです。

この場合の相手とは、お客様や上司です。相手のニーズにただ応えるだけではなくて、相手が考えてもいなかったニーズ以上のものを提供するのです。

もちろんサプライズを起こすためには、準備をして、考え抜いて、相手の先回りをしなければなりません。

相手の期待を超えるためには、相手がどの程度の期待をしているのかを知っていなければなりません。当然、相手のことをよく調べることになります。

そして場合によっては、準備段階では自分の手の内をあえて見せないことも必要です。これが駆け引きです。

相手が考えていることを読み取り、さらにその先を行く。あるいは、ちょっとした言葉の端から、相手が本当に必要としている本質をつかみ、要求されたものとは違う形で満足させるのです。これが、相手を「裏切る」ということです。

二つ目の意味は、「能ある鷹は爪を隠す」です。

自分の能力を全部見せてしまうと、ひけらかしているように感じられて同僚や上司から嫉妬されることがあります。

ここでも必要なのは駆け引きです。

自分が準備をして成功に導いた仕事は、上司の手柄にしてしまいましょう。

「自分がこんなにやりました！」「今回のプロジェクトの成功は、自分の交渉力によるものです！」――そのアピールに何か意味がありますか。

黙っていても、見ている人は見ています。下手なアピールをして嫉妬を買うよりも、「さすが、部長の決断はすばらしかったですね！」と言っておけばいいのです。

そして成功体験を自分の中で蓄積し、さらに磨きをかける。**爪を研ぐのは、隠れたところですればいい**のです。

まさに、敵を欺くにはまず味方から。そのときは勝てなかった、勝ちをゆずったと感じるかもしれませんが、長期的に見たら負けはしていないのです。


「兵とは詭道なり」――戦いとは相手を欺くことだ、というこの一節に抵抗を感じる人が多いのも事実です。

「正々堂々と戦ったほうがいいじゃないか」「孫子の兵法は、ずるい」というわけです。

私は「詭道」という言葉を、上記のような意味でとらえてみました。正々堂々と戦っても、負けたのではしょうがない。負けないためには、駆け引きが必要であり、良い意味で裏切ることも必要なのです。

strategy 5

勝つイメージができるまで準備を重ねる

算《さん》多きは勝ち、算少なきは勝たず。況《いわ》んや算無きに於いてをや。吾《わ》れ、此《こ》れを以て之《これ》を観るに、勝負見《あら》わる。

訳▼勝算が相手よりも多ければ、実戦でも勝利するし、勝算が相手よりも少なければ、実戦でも敗北する。ましてや勝算が一つもないという状態では、何をかいわんやである。私はこのような比較検討、戦況判断をするから事前に勝ち負けが見えてくるのだ。

孫子は勝算があるかどうかの重要性を説いています。戦う前から、勝負は決まっているというのです。

つまり、イメージトレーニングが大切だということです。自分が勝つイメージを持っていると、能力が発揮できます。

勝てると思っていると勝てる、失敗するんじゃないかなと思っていると失敗する。これは多くのスポーツ選手がやっていることでもあります。

ここで注意したいのは、戦う前に十分なイメージトレーニングを行うということです。**戦いが始まってからでは遅い**。事前の準備です。当たって砕けろ、ではダメなのです。

自分で勝算がもてるまで、準備を念入りに繰り返すのです。何手も先まで読み、不安な要素があったら、それに対抗するための準備をします。

それまでに用意した準備では危ないと感じたら、新しく準備をしなおします。準備が足りないところが見つかったら、補強します。

そのときあなたの「五事」を修正する必要があるかもしれません。あなたの使命は間違っていませんか。環境を把握していますか。ライバルの動向をつかんでいますか。リーダーシップをもっていますか。自分の能力を高める習慣を続けていますか。

少なくとも、「これだけやっておけば負けそうにないな」というレベルまでは、事前に準備をしておかなければなりません。

少しでも「負けるかもしれない……」という不安があったり、「勝てそうにないな……」と感じるのであれば、それは準備不足です。

実戦のあらゆるパターンを想定して、勝算、つまり勝つイメージがもてるまで、準備に準備を重ねるのです。

第2章

がむしゃらに攻め続けることをやめてみる

作戦篇

strategy 6

勝てなくても、負けない戦い方をする

其《そ》の戦いを用うるや、勝つことを貴《たっと》ぶ。

訳▼戦争を遂行する際の一番の目的は勝つことである。

孫子は現実の戦《いくさ》において、とにかく勝つことが重要だと言っています。それは当然です。自らの生死にもかかわりますし、負ければ自軍に多大な損害をもたらします。負けたら、取り返しがつかないのですから。

では、私たちの人生や仕事に置き換えたときにはどう考えたらよいでしょうか。仕事で失敗をしても、命を取られることはありません。

もちろん、勝つことを目的にして戦うのですが、人生は長いです。長期的に考えて、自分なりの勝ちを大切にするのです。

がむしゃらに目先の勝ちにこだわり、疲れたり壊れたりしたのでは、人生では負けてしまうことになりかねません。

勝てなくても、負けない戦い方があります。最終的に負けないことを目的にするのです。

勝とう勝とうと、がむしゃらになっても、続かないのでは人生のトータルでは負けてしまいます。

さらにいえば、戦いとはそもそも疲れることです。何かを消費します。むやみに戦うのではなく、戦わないという選択も、時と場合によっては必要です。勝てないときには、戦わずに力を温存しておく。それも長期的に負けないためには必要になる作戦です。

strategy 7

攻めるときには短期決戦で

兵は拙速《せっそく》を聞くも、未《いま》だ巧久《こうきゅう》なるを睹《み》ざるなり。夫《そ》れ兵久《ひさ》しくして国を利する者は、未だ有らざるなり。

訳▼戦争には多少拙い点があったとしても速やかに事を進めたという成功事例はあるが、完璧を期して長引かせてしまったという成功事例はない。そもそも戦争が長期化して国家に利益があったなどということは、未だかつてないのだ。

人生全体を戦いと考えると、ここぞという勝負時がいくつかあるはずです。そのとき「勝てる！」と思ったら、なるべく短期間で一気に攻めます。

時間はコストです。長期戦になれば時間を浪費することになります。スピードを上げれば、自分の時間も節約できて、相手の時間もムダにしません。戦いは、速く終わらせるのに越したことはないのです。

大学受験を例に挙げてみましょう。初めから10浪しようと考えて受験する人はいないでしょう。なんとか現役で受かろうと思うから、1年間集中して勉強ができます。たとえ浪人しても「なんとか1浪ですませて来年こそは合格しよう」と思うから、また1年間がんばれるのです。

会社勤めしながら各種の資格を取ろうとするときも同じでしょう。「いつか取ろう」と漫然と勉強していては、ただ参考書を眺めるだけの日々が続きます。その時間がムダです。「次の試験で合格する！」と決めることで、メリハリが生まれます。

これは、仕事に自分で締め切りをつくることにも通じます。期間を限定してやってみるのです。

仕事では、常に誰かが締め切りを設定してくれるわけではありません。あなた自身がリーダーです。自分で期限を決めてチャレンジするのです。

期限に向けて集中してやる。万一うまくいかなかったら、いったん引いて、もう1回作戦を練り直して、また新たな締め切りをつくって実行する。

締め切りを決めずに、だらだらと仕事をすると、コストはどんどん浪費されていきます。

この場合の締め切りは、短期間に区切ります。「月末までに」という締め切りを区切った戦いであれば、月の半ばに未着手だと焦ります。だから途中でスパートをかけることができます。

長い人生を、短期間に区切り、その積み重ねで戦うのです。だらだら長くやるのはよくない。それでうまくいったことはないと孫子は言っているのです。

strategy 8

オリジナリティにこだわらない

智将《ちしょう》は務《つと》めて敵に食《は》む。敵の一鍾《いっしょう》を食むは、吾《わ》が二十鍾に当る。

訳▼敵地に遠征している優れた将軍は、敵地での食料調達を考えるものである。敵の穀物を一鍾（約１２０リットル）食べることは、自国から運んだ二十鍾に相当するものだからである。

孫子がいっているのは、食料を敵地で調達しなさいということです。さらにいえば、兵隊も、武器や戦車も、敵のものをいただいてしまえば、自国からわざわざ運ぶよりも、よっぽど効率がいいのです。

これを仕事に置き換えれば、**誰かのいいところは素直に学び、まねをしなさい**ということです。それがライバルであってもです。

ライバルというと、嫉妬したり、憎んだり、「この野郎！」という感情をもつものですが、少し視点を変えて感情を抑え、ライバルのやり方を自分のものにしてしまうのです。

「あいつ、やるなあ」「このやり方、いいなあ」と思ったら、それを自分でも取り入れるのです。

丸パクリはいけませんが、なんでもかんでも自分のオリジナルにこだわる必要はありません。まったく新しい仕事の方法や、企画などを自分でつくりだし、しかも成功させるためには多大なコストが必要です。時間をかけたわりに、失敗することも多々あります。

誰もがエジソンやスティーブ・ジョブズである必要はないのです。いいと思ったことは、他者のアイデアであっても学び、まねをするほうが、効率がいいのです。

たとえば競合他社が新しいマーケットをつくってくれたら、そこに工夫を加えて流れに乗るのです。ライバルが宣伝してくれることによって、自社商品にも注目が集まります。

敵ががんがん攻めているとき、普通は「やられた！」と感じるものですが、そこをチャンスととらえ、良いと思えば「うちもやろう！」と考えればいい。

敵に対抗して新しい別のマーケットをオリジナルでつくり出そうとするよりも、発想を変えて他者から素直に学ぶことによって、負けない戦いができるのです。

strategy 9

敵と手を組んでシナジー効果を生み出す

是《こ》れを敵に勝ちて強《きょう》を益《ま》すと謂《い》う。

訳▼こうした戦い方が、敵に勝つたびに自軍の戦力を増強していくということなのだ。

この文章には前段があります。

「敵の物資は、奪い取って利用せよ。戦車戦で敵の戦車を奪った者には賞を与え、その戦車の旗印を味方のものに取り替えて、自軍の隊列に加えてしまえ。さらに、捕らえた捕虜は丁重に扱って自軍の兵隊とせよ」

つまり、相手がもっているあらゆる資源を自軍のものとして有効活用すれば、敵に勝つたびに自軍の兵力が強くなる、ということです。

ひとつ前の項目では、敵のいいところをまねしようと言いましたが、ここではさらに一歩進んで、ライバルと手を組んで、一緒に戦うことを考えましょう。

ライバルとは、同僚であることもあります。たとえば社内で営業成績を競い合う営業マン。負けられない相手です。しかしときには、共同戦線を張ることで、**お互いに個々ではできなかった大きな成果を出すことができる**でしょう。

たとえば、お互いの顧客をひとつにまとめて取扱量を増やすことによって、今までよりも安価な仕入れルートを開拓することができるかもしれません。自分だけでは相手にしてもらえなかった仕入れ先に、攻め込むことができるのです。

さらに、競合他社と手を組むことで、お互いのメリットを共有し、マーケットを拡大することができるかもしれません。


ライバルがいるから頑張ることができます。「あいつには負けないぞ」という意識を、自分のプラスに生かすことができます。

しかしライバルと常にせめぎ合うだけではなく、ときに手を組むことによって成長する作戦もあるのです。

ライバルの力をうまく利用して、一緒に勝つのです。最初はいいところのまねをして、途中から協力する。会社を超えても共同で仕事をする。ライバルと仲間になると、

1プラス1が、2以上になることがあります。
お互いが認め合うような強いライバルがいてくれるといいですね。

第3章

戦わなければ負けることはない

謀攻篇

strategy 10

「敵ながらあっぱれ」と言わせる

凡《およ》そ用兵の法は、国を全《まっと》うするを上《じょう》と為《な》し、国を破るは之《これ》に次ぐ。

訳▼基本的に、戦争においては、敵国を保全した状態で傷つけずに攻略するのが上策であり、敵国を撃ち破って勝つのは次善の策である。

孫子の時代は群雄割拠の時代ですから、周囲は敵国だらけです。ひとつの国を攻め落として自国のものにする。そのときにボコボコにKOして、相手の国を疲弊させてしまうと、そこは即、自国の弱みになります。第三国から攻め込まれる隙ができます。そういう意味で、相手の国を傷つけるな、と言っているのでしょう。

現在に置き換えれば、スポーツマンシップに似ています。負けたチームが勝った相手を激励して、エールを送る。スポーツではよくある場面です。

きれいな勝ち方をするということです。破った相手から「いい戦いだったね。俺たちの分まで次も頑張って勝ち抜いてくれよ」と言われる勝ち方をするのです。というと、とても紳士的に感じるかもしれませんが、孫子が言うのはもう少し合理的な考え方です。

負けないためには、ムダな敵はつくらないほうがいいのです。破った相手は、敵にしない。むしろ味方につけてしまう。

恨みを買うような勝ち方をしてしまうとよくありません。人生には競争がありますから、当然勝ち負けがあります。負けた側は悔しいものです。

しかし恨みを買って、ずっと恨まれ続けることはムダです。「あいつのやり方は汚い」と陰で悪口を言われるのではなく、「あいつはすごいよ」「自分たちが負けたのもしょうがない」「敵ながらあっぱれ」と言わせるのです。

ひとりのライバルに勝ったとして、それで戦いは終わりではありません。次のライバルもいます。続いていく戦いの中で、誰かにどこかで足を引っ張られるようなことは避けたほうがいいのです。

勝つときには、相手を必要以上にたたく必要はありません。最終的には味方にするのが、「国を全うする」ということです。

strategy 11

唯一無二の独自領域をつくって、戦う前に相手を圧倒する

百戦百勝は、善《ぜん》の善なる者《もの》に非《あらざ》るなり。戦わずして人の兵を屈《くっ》するは、善の善なる者なり。

訳▼百回戦って、百回勝利を収めたとしても、それは最善の策とは言えない。実際に戦わずに、敵を屈服させるのが最善の策である。

百戦百勝こそがベストだと考え、常勝集団になることを目指すという人は多いでしょう。

もちろん、負けていないのですから、百戦百勝は悪くはありません。ただ、孫子はそうは考えなかったのです。

百戦百勝は悪いことではないけれども最善の結果ではないのです。100回も戦ったら疲れます。あなたもボロボロですし、相手もボロボロです。

孫子は、実際に戦わずに勝つ、つまり戦わずに降伏させるのがベストだと言っています。自分も相手も疲弊することなく、コストを浪費するムダがないからです。

戦いには、必ず損害がともないます。コストです。たとえば値引き合戦をすれば、勝ったけれど利益がなかったということにもなりかねません。それでは意味がないでしょう、ということです。

消耗戦を100回繰り返して全勝するよりも、戦いそのものは20回に減らして、残りの80回は戦わずして勝つことができれば、双方の損害はなくなりますし、敵を味方にすることもできるのです。

では、戦わずに相手を屈服させるにはどうしたらよいでしょう。

いちばんいいのは、戦う前から「この人にはかなわないな」と思わせて、相手の戦意を喪失させることです。

そのために必要なことは、絶対に負けない独自領域をつくって、「この分野ではこの人だな」「この分野でこの人と対抗しても、ムダだからやめておこう」と思わせることです。

私の場合でいえば、日報をコンサルティングに使うことにフォーカスしました。日報は多くの企業が使っていますが、あくまでも地味なものでした。

日報を使って業績を上げる、社員を教育するなど、日報を会社全体をよくするための道具としてフィーチャーし、それに絞ったのです。

他のどのコンサルタントも「日報を書け」とは言いますが、どう書くかとか、それをどう使うかといった細かいことまでは誰も言っていませんでした。そこに絞りこむことで、私だけの独自領域にしていったのです。

みんながやるようなことを、一緒になってやっていたのではダメです。そもそも敵が少ない領域に特化していくと、戦いはあまりありません。**戦わないためには、独自領域で勝負するのがよい**のです。

ただし、ここでいう独自領域とは、単なる「強み」程度のものではありません。そのレベルでは、すぐにライバルが現れて戦いが始まります。

マーケティング用語でいえば、自分しか気がついていないブルーオーシャンを開拓し、特化するということです。

まったく新しいことではなくても、見方、切り口を変えることで独自領域にすることもできます。「そんなことを言うやつは、いままでにひとりもいなかったね」と言われるレベル。他を圧倒するレベル。それが独自領域です。

「今さらまねしても、とてもじゃないけど追いつけないな」「まねはできても、とても勝つことはできないな」と思わせることができれば、戦わずに勝つことができます。

strategy 12

アウェーでの戦いでは自分が不利であることを自覚する

上兵《じょうへい》は謀《はかりごと》を伐《う》つ。其《そ》の次は交《まじわり》を伐つ。其の次は兵を伐つ。其の下は城を攻む。城を攻むるの法《ほう》は已《や》むを得ざるが為《ため》なり。

訳▼最上の戦い方は、敵の謀略、策謀を読んで無力化することであり、その次は、敵の同盟や友好関係を断ち切って孤立させることである。それができなければ、いよいよ敵と戦火を交えることになるが、その際に一番まずいのが敵の城を攻めることである。城攻めは、他に方策がない場合に仕方なく行う手段に過ぎない。

ここでは、後半の「敵の城を攻めるのがいちばんまずい」という部分に注目してみましょう。

前項の裏返しです。敵の圧倒的な独自領域に踏み込んで戦うのは、アウェー戦なのでできるだけ避けたほうがいい。どうしてもそこを攻めざるを得ないのだとしたら、

慎重に準備を重ねて臨まなくてはならないのです。

不利だとわかっていても、どうしてもアウェーで戦わなければいけないケースはあります。

孫子も「城を攻めるのは最悪だ」と主張していながら、直後に「他に方策がなくてどうしようもない場合は、仕方ないから城を攻めるしかない」と、一見矛盾する内容を言っています。

そのときは、まず相手の独自領域を徹底的に調べることが大切です。何が起こるかわからないという前提で、通常よりもさらに慎重に、あらゆる場面を想定しておかなければなりません。

アウェーだと気づきもしないで戦いに赴くのは最悪です。勝手がわからない相手のおひざ元に行くのだという意識を強くもたなければなりません。

本来であれば、相手をホームに引きずり込んで戦うほうがよいのです。しかしどうしてもアウェーに行くのであれば、不利な場所に自分が突入することを自覚して、いつも以上に慎重に戦わなければならないのです。

strategy 13

誰も損をしない「全方よし」を目指す

必ず全《まった》きを以《もっ》て天下に争う。故《ゆえ》に、兵頓《つか》れずして、利《り》全うす可《べ》し。此《こ》れ謀《ぼう》攻《こう》の法なり。

訳▼必ず敵味方すべてを保全する形で天下に覇を競うことを考える。そうすれば軍の疲弊も少なく、戦利を完全なものにできるのだ。これが謀によって敵を攻略するやり方である。

「売り手よし、買い手よし、世間よし」の「三方よし」は、近江商人の言葉として有名です。ここでは孫子の教えを「全方よし」という造語で解釈してみましょう。

自分をすり減らすことなく、相手を疲れさせることもなく、勝つ方法を考えるということです。その結果、お客様を満足させることができ、さらに社会にも貢献できる。それが「全方よし」です。

たとえば、競合企業とのコラボ企画は「全方よし」を狙っています。ライバルと一緒にキャンペーンを行う。同業者が集まって展示会を行って集客をする。「組もう！」と考えて戦うことによって、敵味方、お互いに兵力を浪費せずに、なおかつ大きな効果を生むという狙いです。

目の前の敵だけを見ていてはいけません。敵は将来にわたって次々と現れます。人生でも、問題は次々と起きます。目の前の問題ばかり考えてそこで疲弊したのでは、次の問題が来たときに対応できません。

目の前に現れる問題と、いちいち全力で戦っていたのでは、たとえ百戦して百勝したとしても、自分はボロボロになるでしょう。

いかに疲れずに戦うか。そのための方法のひとつが、**相手も巻き込む「全方よし」の作戦**なのです。

敵味方どちらであれ、兵が死ぬのは損失です。正面からぶつかりあって、敵を5人、味方を5人失う戦法よりも、味方の5人はもちろん、敵の5人も失わず、さらに味方につけることができれば、自軍の兵は10人になる。そのほうが賢い戦い方だということです。

ついさっきまでは敵だった相手を、パートナーとして自分の味方にしてしまうのです。その際、「こいつはライバルだな」と思えるくらい能力のある相手を味方にすれば、大きな戦力となるはずです。

孫子は常に、コスト管理を重視しています。2500年前の戦争では、兵、食糧、武器といった「モノ」をいかに有効活用するかが重要でした。そもそも「モノ」が十分にはなかったことと、「モノ」を運ぶのに多大な手間と時間がかかったからです。

戦争には、やたらとお金がかかるのです。人手もかかります。それらのコストを抑えて有効に使うために、なるべく拙速でやれ、敵の兵や食糧もうまく使えと、しつこく言うのです。知恵を使えということでしょうね。

知恵はタダですから。

strategy 14

実力が劣っていれば、意地を張らずに撤退する

小敵の堅《けん》なるは大敵の擒《とりこ》なり。

訳▼小兵力しかないのに、無理をして大兵力に戦闘をしかけるようなことをすれば、敵の餌食となるだけだ。

実力が劣っているのに、「いや負けるはずがない」「山椒《さんしょう》は小粒でもぴりりと辛いはずだ」と考えるのは、ムダなことです。それは、弱者のプライド、意地にすぎません。明らかに相手より劣っているのに無謀に攻めることは、相手からするとまさに「飛んで火に入る夏の虫」。ほぼ確実に負けるのです。

自分の兵力を冷静に見極めないと、負けない仕事、生き方はできません。

しかし現実には、「たとえ大きな相手でも、負けてなるものか」と意地を張ってしまうものです。また、そのほうが褒められるかもしれません。

確かに会社の中に「どうせ、うちなんかダメですよ」という社員がいたら、士気が下がるでしょう。上司は腹が立つでしょう。しかしどこかで冷静に「このまま戦うのはまずいな」と理解していなければならないのです。

孫子は、戦ってもいいのは自軍が敵軍と同等以上の力をもっているときだけだと言っています。自軍の兵力のほうが少なければ、退却する。敵の兵力にまったく及ばないようであれば、敵との衝突を回避しなさいと言うのです。

企業でも人でも、自分の力が小さいからといってあきらめるのはよくないことです。しかしだからといって、「負けてたまるか」という**プライドや意地、精神論や根性論だけにたよって戦うのはよくない**のです。

負けないとは、負ける戦いをしないということです。退却したり、戦いを避けたりすることは、ひきょうなことだと思われがちです。しかし、冷静に退くことができるかどうかが重要なのです。

撤退は難しいことです。しかし、自分と相手の力をよく分析し、ダメだと思ったら撤退する引き際を考えるのです。下手に戦わないというのも、戦略なのです。

戦う前に状況をよく見極めて、負けそうなら、そもそも戦うなということです。

人生は長いです。負け戦とわかっているものを、無理して戦う必要はありません。戦わないという戦い方もあるのです。

「でも、やっぱり戦わなければならない」「頑張らなければいけない」――そんな自分の気持ちを、「ときには戦わなくてもいいんだよ」と許してあげましょう。撤退を許すことで、長期的には負けない方向に向かっていくはずです。

もちろん、すべてをあきらめてしまってはいけません。ただ、時と場合によっては、戦わずに撤退してもいいのです。

意地を張っても、負けたら終わりです。勝たなくても負けなければ、必ずリベンジのチャンスがやってきます。

strategy 15

戦う前から勝負がわかる5つのポイント

勝《かち》を知るに五有《あ》り。

訳▼勝利を得るために知っておくべきポイントが5つある。

孫子は、事前に勝ち負けを予知するためのポイントが5つあると言っています。これは、敵と味方の比較をする際の視点といってもよいでしょう。

(1) 戦うべきか、戦うべきではないかを見極めているか

相手の動きや、業界の動向、社会環境などをよく見て、ここぞというときにだけ戦います。そうでなければ、最初から戦わないのです。

ライバル社からいつ新製品が出るのかがわかったら、こちらはそれより1日でも前に出して戦う。間に合わないと判断したら、戦わない。

どんなときでも常にがんばるのではなく、状況をよく見て「ここだ!」というときに集中してがんばるのです。

(2)兵力の大小に応じた運用をしているか

大企業と中小企業とでは、当然戦い方は違います。たとえば、大企業なら新製品発売にあわせてテレビコマーシャルを打つかもしれません。しかし中小企業にはとてもそんな予算はありません。では何をするか、と考えるのです。

大企業にいた人が中小企業に転職したら、ちっとも活躍できないことがあります。それまで会社の看板に頼った仕事しかしてこなかったので、小さな会社なりの戦い方を知らないのです。

逆にいえば、名刺の肩書きが通用する有名企業に勤めているのであれば、その力を有効に使えばいいわけです。

(3)上下の意思統一はできているか

現場の実態をよく知りもしない上司が、ああしろ、こうしろと指示を出すのは、会社やチームを、鎖でぐるぐる巻きにするようなものです。

今は「部下に任せなさい」「ああだこうだ言ってはいけない」という上司論が多いようです。

しかし現場をわかっていないのに口を出すからいけないのです。ちゃんと現場の状況をわかったうえでアドバイスしたり、指示を出したりするのは、いいことですし、そういうアドバイスは貴重なものです。そういう人の知恵は、聞き入れて使うべきです。

上司と部下の信頼関係は、現場の実態に合っていてこそ築かれるものなのです。

（4）事前の計画や段取りは周到か

自分が十分に準備ができているのに対して、相手の準備が整っていないときは、勝ちます。よくわからないまま、のこのこやって来る相手を待ちぶせるイメージです。

孫子は、事前の準備の重要性についてあちこちでふれています。勝負は段取りで決まるといってもいいでしょう。

情報を集め、シミュレーションを徹底して行い、あらゆる可能性に対応できるまで準備をするのです。その準備の差が勝負を決めます。

（5）将軍が有能か。なおかつ君主が過剰な口出しをしていないか

軍を率いるのが将軍ですが、その上には君主（国王）がいます。会社組織で言えば、将軍が部長で、君主は社長といった感じでしょうか。

有能な部長がいたら、社長は部長がすることにあれこれ口を出さずに、好きなことをどんどんやらせるのがいいということです。

必ずしも部長と社長の関係にはとどまりません。自分がリーダーであれば、部下や後輩をうまく使いなさい。その際に、干渉しすぎてがんじがらめにしてはいけないのです。優れたリーダーは、優れた部下に全てを任せます。

ただし部下が優秀でないのなら、口出ししなくてはなりません。任せていたら勝てませんから。

仕事を任せるのか、一緒に指導しながら行うのか、その見極めも大切です。

strategy 16

彼を知り己を知り尽くす

彼《かれ》を知り己《おのれ》を知らば、百戦殆《あや》うからず。
彼を知らずして己を知らば、一勝一負《いっしょういっぷ》す。
彼を知らず己を知らざれば、戦う毎《ごと》に必ず殆うし。

訳▼戦いに際しては、相手（敵軍）の実情や実態を知って自己（自軍）の状況や実態をも知っていれば、百度戦っても危険な状態に陥ることにはならない。相手（敵軍）の実情を把握せずに自己（自軍）の実情だけを知っているという状況であれば、勝ったり負けたりが五分五分である。相手（敵軍）のことも知らず、自己（自軍）のことも知らないようでは、戦うたびに必ず危険に陥る。

孫子の中でも、もっとも有名な一節かもしれませんが、後半を知らない人も多いでしょう。リズムがあって、文章もきれいなので、ぜひ一緒に覚えましょう。

相手を知る、自分を知るとはどういうことかについては、ここまでにかなりヒントが出てきています。

ここで注目したいのは、自分のことも相手のことも知っていたとしても、「百度戦っても危険な状態に陥ることにはならない」と言っている点です。必ず勝つ、百戦百勝だとは言っていないのです。敵の方が強くて、味方が弱いとわかれば逃げるという選択もあるからです。

相手のことはわかっている。自分のこともわかっている。なのに負けているという人は、もう少し厳しく**「相手を本当に知っているか、自分を本当に知っているか」**と問い直す必要があります。

もしかしたら、自分のことだけ知っていて、相手のことはよく知らない可能性があるわけです。その状態では、勝ったり負けたり。五分五分です。

毎回負けているのであれば、自分のことも知らないし、相手のことも知らないということなのです。何もわかっていないで、ただがむしゃらにやっている。そんな状態に陥っているのではないでしょうか。

「必ず殆うし」の状態のままでいる企業や人は、案外多いものです。

第4章

負けない「型」をつくっておく

軍形篇

strategy 17

まず守りをかためて、相手が弱みを見せるまで待つ

昔《いにしえ》の善《よ》く戦う者は、先《ま》ず勝つ可《べ》からざるを為《な》して、以《もっ》て敵の勝つ可きを待つ。

訳▼昔から、戦いに巧みな者は、まず敵が自軍を攻撃しても勝てないようにしておいてから、敵が弱点を露呈し、自軍が攻撃すれば勝てるようになるのを待ち受けたものである。

「まず守りをかためなさい」とは、とくにビジネスの世界においては違和感を覚える言葉かもしれません。

孫子はさらに、守ってからすぐ攻めるのではなくて、敵が弱みを見せるまで待てと言っています。下手に攻めに出るな、というわけです。まさに負けない仕事術の極意でしょう。

ちょうど「飛んで火に入る夏の虫」の逆です。火を焚いて、虫が飛び込んでくるの

を待つのです。

負けない理由がいくらこちらにあっても、勝てるかどうかは敵によります。敵を都合のいいようにコントロールすることはできません。過去と他人は変えることができない、ということです。

ただ自分の準備は自分でできます。まずしっかり準備をして、そして待つのです。勝ち負けは、相手と自分との相対的な関係です。まずは、コントロールできる自分の準備を先に十分にするのです。自分と未来は変えられるのです。

守るというのは、弱点をなくすという意味でとらえましょう。「強みを伸ばせ」とよく言いますが、その前に、自分は数字に弱いとか、人の使い方が弱いとか思ったら、そこを補強しておくということです。

そのうえで、ライバルの弱いところ、たとえば「相手は、価格戦略を間違えているな」とわかったら、はじめてそこを攻めるのです。

あるいは同期のライバルがいて、営業力が強くてすごく活躍している。しかし、どうも数字に弱い。じゃあ数字で勝負だ。しかしその前には、自分も苦手な営業力、コミュニケーション力を磨いておかなければなりません。

自分の仕事力の最低ラインを、あらかじめ上げておくのです。

孫子はこの文のすぐ後に「勝《かち》は知る可《べ》くして、為《な》す可からず（勝利の方法を知ることと、実際に勝利を実現することとは別である）」とも言っています。

勝利の方程式を知ることはできても、相手次第の面があるから、実際に勝てるかどうかはわからない。方程式どおりにやったら必ず答えが出るわけではないということです。

自分がどれだけ準備していても、相手がもっとやっていたら勝てないのです。

だからこそ、準備がいかに重要かがわかります。守って守って、勝つのです。サッカーにたとえると、理想的な戦い方は、守備をかためて、守って守って、相手が疲れたら速攻のカウンターで攻める。

点を取られなければ、負けはありません。まず、点を取られないように守備に徹するのが、孫子流の戦い方です。

strategy 18

わかる人にはわかる本物を目指す

勝《かち》を見ること、衆人《しゅうじん》の知る所に過ぎざるは、善《ぜん》の善なる者に非《あらざ》るなり。戦い勝ちて、天下善なりと曰《い》うは、善の善なる者に非るなり。

訳▼勝利の見立てが普通の人間にもわかる程度のことであれば、最高に優れているとは言えない。戦いに勝利して、それを天下の広く一般の人から褒め称えられるようでは、素人にもわかる程度の勝利であって、それも最高に優れているとは言えない。

常識的によいとされていることができたからといって、それはあくまで常識でしかありません。もちろん、できていないよりいいのですが、常識外れの相手がいたら負けてしまいます。

素人目に見てわかる程度のことができたからといって、それで満足してはなりません。一見普通なのだけれど、プロが見たらわかる。そのレベルまでできて初めて本物と言えるのです。

米大リーグで、イチロー選手がトリックプレーを見せました。一死一塁の場面で、イチローが守るライトに大飛球が飛びます。背走したイチローは一瞬、捕球の体勢をとります。しかし、ボールは頭上を越えてフェンスに直撃。イチローはクッションボールをすばやく処理して二塁手に送球しました。一塁ランナーは三塁でストップ。

誰もがイチローがボールを見失ったのだと思いましたが、実は違いました。バットに当たった瞬間から、イチローはボールが頭上を越えることを察知していました。しかしあえて、一塁ランナーにフライをキャッチするかのように思わせたのです。

その結果、イチローが捕球すると思ったランナーは、一・二塁間でいったんストップし、打球がフェンスに当たったのを見て、慌てて走りだしました。

イチローの一瞬のフェイントがなければ、一塁ランナーはホームインしていました。それを阻止するトリックプレーだったのです。

実況アナウンサーは大きなヒットに歓声をあげましたが、隣に座る解説者は「これが本物のプロの外野手のプレーです」と、唸り声を上げました。


本物の仕事とは、案外地味に見えるものです。大きな声であいさつができる人は目立ちますが、それは常識です。

それ自体は悪いことではありません。しかし、その人が通った後に、落ちていた紙くずを拾ってゴミ箱に捨てる、地味なベテラン社員の仕事の素晴らしさには案外気づきません。

しかし、目立たない行動の中にこそ、本物の仕事が隠されています。

負けないためには、目立つ常識のレベルにとどまらず、目立たない本物の仕事を目指すべきです。

strategy 19

勝てるときにしか戦わない

古《いにしえ》の所謂《いわゆる》善《よ》く戦う者は、勝ち易《やす》きに勝つ者なり。

訳▼古くから兵法家が考える優れた者とは、容易に勝てる相手に勝つ者である。

勝てる相手とだけ戦うという判断ができる人は、負けません。しかし周囲から見ると「弱い相手に勝っただけじゃないか」と見えてしまうかもしれません。しかし、それでいいのです。勝てるかどうかわからない相手にがむしゃらに突撃して、負けるのがいちばん困るのです。

負けない仕事術は、周りの人には理解されにくいことがあるかもしれません。けっして派手ではありません。地味ですから、わかる人にしかわからないということが、多々あるでしょう。

言い換えれば、**確実な仕事をすること**です。ミスをしない一方で、派手な手柄もあげない。それは、勝ちに行っていないからです。負けないことを目的とするからです。その代わり、勝てる戦いは、たとえ小さな戦いであっても全部取りこぼしません。攻めに出たときは、必ず勝ってくるのです。そして勝てそうもないときには、そもそも戦わないのです。

勝てるときしか戦わないというのは、実は非常に難しいことです。戦う前から、勝てるか、勝てないかを予想できなくてはならないからです。

当たり前のことを当たり前にやっている人がいます。「なんか、パッとしないな」と思っていても、いざ自分が同じ仕事をしてみると、当たり前のことができない。「あの人、どうやってやっていたの？　淡々とやっていたけど、やってみたら案外大変だったよ」――仕事の配置や担当が変わったときなどに、そう感じたことはないでしょうか。

本当に負けない人というのは、案外地味に見えているものです。

逆に言えば、地味に見えている人の中に、堅実に戦っていて負けない人がいるものなのです。

strategy 20

勝つイメージができあがってから戦う

勝兵《しょうへい》は先《ま》ず勝ちて而《しか》る後に戦いを求め、敗兵《はいへい》は先ず戦いて而る後に勝《かち》を求む。

訳▼勝利を収める軍は、まず勝利を確定しておいてから、その勝利を実現しようと戦闘に入るが、敗北する軍は、先に戦闘を開始してから、その後で勝利を追い求めるのである。

勝つ人とは、戦う前から、勝てるか、勝てないかを予想できている人です。勝つイメージができあがってから戦うのです。勝つイメージがもてないときは、戦いません。だから負けないのです。

負ける人とは、勝てるか負けるかわからないのに戦いに行く人です。戦いながら、「勝つためにはどうしようか」と考える人です。もちろんそれで勝つこともあるでしょうが、五分五分で負けることもあります。

勝つイメージができあがってから、はじめて戦うのです。

営業マンにたとえてみましょう。営業に行く前に、商談のストーリーを思い描いて、「この話をしたら、こう聞かれるだろうな」「ここで、この資料を見せてほしいと言われるだろうな」と、イメージして準備をするのです。

商談がうまくいくストーリーを考えて、そのための準備をして営業に行った人は、話が1回で済む可能性があります。

一方、とりあえず営業に行って、「何かないですかね」と行き当たりばったりで商談をする人は、そこで先方から何か要望があったら、いったん戻って準備をして、また行くことになるので、二度手間になります。

その間に、せっかくのチャンスがなくなったり、他社に取られたりするかもしれません。それではダメなのです。

勝つイメージができあがってから戦うことは、日頃の仕事でも大切です。前日の終わりには翌日の段取りをして帰りなさいというのは、こういうことです。

前もって考えておくから準備もできるし、二度手間、三度手間にならず、効率も上がります。

勝ちがイメージできないときは、戦ってはいけないときです。とりあえず惰性で、ぶっつけ本番で仕事をしていては、負けない仕事はできません。

strategy 21

勝ち負けを自由自在にコントロールする

善《よ》く兵を用うる者は、道を修《おさ》めて法《ほう》を保つ。故《ゆえ》に能《よ》く勝敗の政《まつりごと》を為《な》す。

訳▼用兵に優れた者は、これまでに述べたような勝敗の道理、思想、考え方を踏まえて、進むべき道筋を示し、さらに軍制や評価・測定の基準を徹底させる。だからこそ、勝敗をコントロールし、勝利に導くことができるのだ。

進むべき道筋や理想的なあり方を正しく把握し、評価基準を徹底させなければならないと、孫子は言っています。

2500年前の細かい尺度はどうでもいいのですが、ここで重要なことは、勝つためのストーリーを論理的に積み上げ、そのプロセスにおける評価の方法や測定の基準を明確にするということです。

まず戦い方について、全体にわたって十分に考えが及んでいること。すると事前の準備もできますし、仮に想定外のことが起こっても、それに対する対処が的確に、かつ早くできます。

次に評価基準とは、ここではルーティンな仕事と考えましょう。毎日の定型業務に関しても、ただ漫然とこなすのではなく、自分なりの尺度をもって、意識して行うということです。

たとえば、A地点からB地点まで毎日通うとすると、片道60分かかるという基準値を、あらかじめ決めておきます。

すると、70分かかったときに、10分遅れというギャップに気がつくことができます。「明日はもう少し急いで歩こう」という対策をとることができるのです。PDCA（Plan-Do-Check-Action）を回すといってもよいでしょう。

これは仕事にかぎりません。自分の生活をルーティン化し、基準値と比較して修正するのです。朝は6時に起きるとか、毎日30分ジョギングするといった、マイルールをつくって守る、そして修正するのです。

この2つ、戦い方の徹底と、ルーティン作業のPDCAによって、仕事全体をあなた自身が自由自在にコントロールできることになります。

勝ち負けの見極めができ、仕事のコントロールができると、攻めるときと守るとき、戦うときと戦わないときを、自分で決めて、そのとおりに動くことができるのです。

勝敗をコントロールするということは、勝つときには戦う、負けるときには戦わないと、状況によって自由自在に戦いを使い分けることができるということなのです。

strategy 22

エネルギーとなるデータをためておく

勝者《しょうしゃ》の民《たみ》を戦わしむるや、積水《せきすい》を千仭《せんじん》の谷に決するが若《ごと》き者は、形《かたち》なり。

訳▼戦いに勝利する者は、人民を戦闘させるにあたり、満々とたたえた水を深い谷底へ一気に決壊させるような勢いを作り出す。これこそが勝利に至る態勢（形）である。

まさに、エネルギーをためてためて、ここぞというときに一気に行けということです。それが、負けないための「型」になります。

ここでは、データをためておくことの重要性に置き換えてみましょう。戦うためにはデータが必要です。事前にストックを持っておくのです。

これは日ごろから常にやっておかないと、たまりません。10年前からためていたら、10年分のデータが手元にあるのです。いざというときのために、備えておかなければいけないわけです。

「満々とたたえた水」のように、どんどんデータをためるのです。職種にもよりますが、顧客情報、社内の情報、新しいアイデア――手帳でも、スマートフォンでも、ノートでもかまいません。何か「ためる」ものを持っておいて、いざというときに、それをボンと出すのです。

ちょうど芸人さんが作るネタ帳のようなものです。どんなに些細なことでも、記録しておく。それが大量にたまることに意味があります。

自分なり自社なりのビッグデータを活用すると言ってもいいでしょう。

人生には、ここぞという勝負所があるものです。そのときに、あなたがためたデータが、負けないためにきっと役に立つのです。

ちなみに、積水化学工業、積水ハウスといった企業の大本である、積水産業株式会社（１９４７年創業）の社名にある「積水」は、孫子のこのくだりに由来しています。「事業活動をするうえで、十分に分析・研究、準備をしてから、万全の状態で積水の勢いをもって勝者の戦いをすることが大切である」という意味です（積水化学工業株式会社ホームページより）。

第5章

勢い、スピード、タイミングを意識する

勢篇

strategy 23

ITを活用して情報の共有と伝達をする

衆《しゅう》を治《おさ》むること寡《か》を治むるが如《ごと》くするは、分数是《ぶんすうこれ》なり。

衆を闘わしむること寡を闘わしむるが如くするは、形名是《けいめい》なり。


訳▼大部隊を統率するのに、小部隊を統率しているかのように整然とさせることができるのは、部隊編成と組織運営がしっかりしているからである。

大部隊を戦闘させるのに、小部隊を戦闘させているかのように統制がとれるのは、旗を立てたり、鉦を鳴らしたり、太鼓を叩くなど、合図や通信、情報伝達がうまくいっているからである。


まず前半では、大人数を統率していながら、少人数を統率しているかのようにするのが、組織運営のノウハウ（分数）だと言っています。

そのポイントとなるのが情報共有です。「われわれのやり方はこうだよ」「目指しているのはここだよ」「こうしてはいけないよ」「われわれの組織はこういう最低限のルールをつくっているから、これにのっとってやるんだよ」という情報を共有するのです。

少人数だから、いつも顔をつき合わせているし、いまさらそんなことを言わなくても大丈夫でしょう——そう考える人がけっこういるものです。しかし、**たとえ少ない人数であっても、情報は共有するべき**です。

そのための格好の手段がＩＴです。過去からの事例を蓄積して、データベースにするのです。

すると新人に「これはこういうルールだから、これに従ってください」と言うのではなく、過去のデータを見せて「実は5年前にこういうトラブルがあったので、今はこのルールになっています。少し面倒だと思うかもしれませんがこのルールでお願いしますね」と伝えることができます。受け止め方が全然違うはずです。

情報共有の仕組みがしっかりできあがっていると、会議の質も変わります。結果や業績を報告するだけの会議は必要がなくなります。各自の端末から、同じ資料を読めばいいだけだからです。すると必然的に、検討や議論、衆知を集めることを目的とした会議だけになります。

後半では、情報伝達の重要性を言っています。「形名」とは、鉦《かね》や太鼓、旗やのぼりといった、目印とか合図のことです。

各自が勝手に動くのではなく、組織的に動くためには「まだだぞ」「待っておけ」とか「今だぞ」「さあ行け」と、タイミングを指示する必要があるのです。

これも現代に置き換えれば、まさしくＩＴ活用です。タイミングをタイムリーに、同時にみんなに知らしめる情報伝達です。

営業部隊を考えるとわかりやすいでしょう。本社にいるリーダーから全国に散らばっている30人の営業マンに、「新製品の開発ができたから、今すぐ押せ！」という指示が、各自が携帯するスマートフォンやタブレットに、一斉に送られます。ブルッと来たら行け、ということです。

もちろん、ただＩＴを使えばいい、社員にスマートフォンを配ればいいというものではありません。

あくまでも目的は、情報の共有と、すばやい伝達です。ＩＴはあくまでも手段です。孫子の時代の鉦や太鼓、旗やのぼりが形を変えて、はるかに速く、正確になっただけなのです。

strategy 24

まず基本をしっかり身につける

三軍の衆、畢《ことごと》く敵に受《こた》えて敗るることなからしむ可《べ》き者は、奇正是《きせいこれ》なり。

訳▼全軍のすべての兵が、敵のどのような出方に対してもことごとく対応し、負けることのないようにできるのは、（変幻自在に意表を突く）奇法と（定石に則った）正法の使い分けが絶妙だからである。

奇法と正法を使い分けることができれば、相手がどう来ても負けないと孫子は言っています。そのためには、まず定石（正法）を知っておかなければなりません。定石を知っていて、それにこだわることが、まず重要です。すると、敵が定石に外れたことをしてきても、あわてずに対応ができます。もちろん真正面から来れば、定石どおりに対応できます。

定石を知らずに、単なる思いつきで仕事をしてはいけないのです。「守破離」という言葉があります。能を確立した、世阿弥の教えです。

まずは、基本となる型を「守る」。

その後、自分に合ったよりよい型をつくって基本の型を「破る」。

最終的には型から「離れ」て自在になる、という意味です。

最初は基本、すなわち定石から入るのです。

奇をてらった作戦一発で勝つことはあっても、定石を知らなければ、いつかは負けます。定石に忠実でありながらも、ときと場合によっては定石にこだわらない、自由な戦い方ができればベストなのです。


定石というのは、たとえば報連相です。仕事の基本のキです。さらにいえば、ドラッカーの本くらいは読んでおく。「ＳＷＯＴ分析」くらいの基本的なビジネス用語は知っておく。

基本ができもしないのに、思いつきのアイデアだけでは負けます。どんな攻撃にも耐えられる状態、つまり負けないためには、定石を知っておくことが前提となるのです。

strategy 25

正攻法と奇策の使い分けで戦い方は無限になる

凡《およ》そ戦いは、正《せい》を以《もっ》て合い、奇《き》を以て勝つ。故《ゆえ》に、善《よ》く奇を出す者は窮《きわ》まり無きこと天地の如《ごと》く、竭《つ》きざること江河《こうが》の如し。

訳▼一般に、戦闘においては、正法によって相手と対峙し、奇法を用いて勝利を収めるものである。だから、奇法に通じた者の打つ手は天地のように無限であり、揚子江や黄河のように尽きることがない。

基本や定石に従った戦術を正攻法、そうでなく、相手の裏をかく戦術を奇策と呼ぶとすると、相手との関係によって、正攻法が奇策になったり、奇策が正攻法になったりします。

正攻法と正攻法がぶつかると、戦いは膠着《こうちゃく》して、勝負がつきません。そこで裏をかく奇策を用いることになります。

しかし、毎回同じ奇策を使っていたら、相手からしてみたら「あいつら、こう来るな」と予測できるようになり、それでは裏をかくことにはならないので、正攻法と同じことになります。

一方、相手が奇策を予測していたときに、自分が正攻法で行ったら、相手に対してはそれが裏をかかれた奇策に相当します。


牛丼チェーンを使って説明してみましょう。Aというチェーンが、牛丼だけのメニューを安く提供するという戦術をとっているとします。それがマーケットに受け入れられた時点で、それは正攻法です。

後発のBチェーンは、Aチェーンに対抗するために、牛丼の価格はAと同じで、トッピングやサイドメニューを充実させました。この時点でAに対する奇策です。

シェアを奪われたAは、あわててトッピングとサイドメニューを取り入れました。するとと、トッピングとサイドメニューという奇策は、正攻法に変わります。牛丼屋にはトッピングとサイドメニューがあって当たり前になったからです。

それに対してBが、かつてAが使った戦術で、牛丼オンリーにして、さらに価格を下げて対抗すれば、それはかつては正攻法だったのに、Aに対する奇策になります。つまり、常識にとらわれてはいけないということです。常識は、常に変化するのです。

これに続けて孫子は、「奇正《きせい》の還《めぐ》りて相い生ずるは、環《かん》の端《はし》なきが如《ごと》し（正から奇が生まれ、奇から正が、循環しながら生まれる様は、まるで丸い輪に端（終点）がないようなものである）」と言っています。

状況に応じて、正攻法と奇策の関係は相手によって、くるくると変わります。両方を使い分けると、正攻法と奇策がメビウスの輪のように表と裏が一体となって、戦い方は無限になるのです。

strategy 26

勢いとタイミングを見極める

激水《げきすい》の疾《はや》くして、石を漂《ただよ》わすに至る者は勢《せい》なり。鷙鳥《しちょう》の撃《う》ちて毀折《きせつ》に至る者は、節《せつ》なり。是《こ》の故《ゆえ》に善《よ》く戦う者は、其《そ》の勢は険《けん》にして、其の節は短《たん》なり。

訳▼水の流れが激しくて岩石をも漂わせるのは、その水に勢いがあるからである。猛禽《もうきん》が急降下して一撃で獲物を打ち砕くのは、絶妙のタイミングだからである。したがって戦上手《いくさじょうず》は、その戦闘に投入する勢いを大きく険しくし、その勢いを放出するのは一瞬の間に集中させる。

多くの人は、勢いがあるときが攻めるタイミングだと考えます。しかし孫子は、勢いとタイミングは別のもので、両方が必要だと言っています。

勢いが大事なのはもちろんですが、それだけでいいわけではなく、**絶妙なタイミン**

グがあり、それに合わせて一点集中すると、勢いもより増すのです。

イメージとしては、軍形篇に出てきた「積水」を思い出すとよいでしょう。ダムに水（勢い）をためてためて、「ここだ！」というタイミングで一気にダムを決壊させると、いちばん効果的だということです。

そして、最善のタイミングが来たら、短期間で集中的に攻めるのです。

たとえば、新製品のアイスキャンディーが、インターネットのクチコミで話題になって、いきなり売れたとします。

小売店から注文が殺到するのに対して、従来の小さな製造ラインを使って細々と増産するのはよくないのです。ずるずると増産していたのでは、体力がもちません。販売機会も分散してしまいます。

あえていったん製造中止と公表し、品切れ期間をつくることで、話題を提供し、顧客の期待を高めます。勢いをためるのです。

その間に大きな製造ラインをつくって、材料を調達し、大量に作ったアイスキャンディーを一気に売り出すのです。もちろん広告宣伝も、そのタイミングに集中させます。

水が岩をも動かす勢いで流れ、ワシやタカが急降下して獲物をしとめるように、一気に短時間で勝負するのです。

strategy 27

過去の成功体験にあぐらをかかない

乱《らん》は治《ち》に生じ、怯《きょう》は勇《ゆう》に生じ、弱は強に生ず。治乱《ちらん》は数《すう》なり。勇怯《ゆうきょう》は勢《せい》なり。強弱は形《けい》なり。

訳▼混乱は整然と統治された状態から生まれ、臆病さは勇気の中から生まれ、弱みは強みから生まれるものである。乱れるか治まるかは、組織編制（分数）の問題である。兵士が尻ごみするか勇敢になるかは、勢いの問題である。強みとなるか弱みとなるかは、軍の置かれた態勢や軍形による。

孫子は、治乱（秩序と混乱）、勇怯（勇気と臆病）、強弱（強みと弱み）は、固定的なものではなく常に入れ替わる。そしてあくまでも相対的なものであって、絶対的なものではないと指摘しています。

だから、安心したり、慢心したり、油断していてはいけないということです。

そのときのポイントが「数」「勢」「形」です。「数」は、組織運営、それを動かすときの勢いが「勢」、それがプラスに働くかマイナスに働くかは、敵味方の配置（ポジショニング）、すなわち「形」によるのです。

ちょっとできたからといって調子に乗っていると、失敗します。**強みにあぐらをかけば、それは弱みにもなる**のです。

人間は誰しも成功体験を大切にしたがるものです。忘れられないのです。しかし、過去の体験にばかり頼っていると、いつかうまくいかなくなります。

「わかったつもり」の営業マンは、時流の変化、環境変化に適応できません。顧客が変化していること、マーケットが変質していること、新商品や新チャネルが拡がっていることになかなか合わせられないのです。

ついつい「俺には俺のやり方がある」と、かつての成功体験に縛られて、会社の新しい取り組みに否定的な態度をとったりします。そうなると、せっかく優秀な人であっても、組織のガンになるのです。なまじ力がありますから、会社にとっては害が大きいのです。

もっとも「自分流」があるのは悪いことではありません。ただその「自分流」を通そうとすることが、弱みになることもあるということです。

「自分流」ができたからといって、調子に乗ってしまっては、そこが弱みになることもあるのです。

「自分流」は、常に疑わなくてはいけません。負けないためには、注意するべきポイントです。

strategy 28

顧客ニーズに応えたら、先回りして待ち受ける

善《よ》く敵を動かす者は、之《これ》に形《かたち》すれば敵必ず之に従い、之に予《あた》うれば敵必ず之を取る。
利《り》を以《もっ》て之を動かし、卒《そつ》を以て之を待つ。

訳▼巧妙に敵軍を動かす指揮官は、敵が動かざるを得ないような態勢をつくって、思うように敵を動かし、敵の利益になるようなエサをちらつかせて、これを得ようとする敵をまた意のままに動かす。すなわち、相手の利によって相手を動かし、知らずに動く敵を準備して待ち受けるのである。

顧客のニーズを考えて、そのニーズに応えることをすれば、顧客はよろこんで食いついてくれます。

しかし「顧客のニーズに応えよう」で終わっている人たちが多いのではないでしょうか。それではダメだと孫子は言っています。

顧客のニーズに応えることが最終目標ではありません。それで終わりではなく、顧客が動いた瞬間を捉えて、次にどうするかまで考えるのです。**相手の考えを超えなければいけない**のです。そういう周到な意図をもって、まるでエサで呼び寄せるかのように、顧客のニーズに応えるのです。

敵は、何でもかんでも自分の思うように動くことはありません。自分の都合で動かそうとしても、相手は動かないのです。

しかし、相手の立場で考えて、「きっと、右に行きたいのだろうな」とわかったら、右に行きやすくしてあげる。すると当然、相手は右に行きます。

相手が欲しているとおりにすることで、相手が自分の思うように動く瞬間ができるのです。

ならば、そこで終わらずに右に行ったところに、先回りをして仕掛けを用意しておけばいいのです。実演販売をするとか、パンフレットを配るとか、こちらに有利な態勢に持ち込むことができるでしょう。

ただ相手の望むとおりにするという話ではありません。望むものを与えて、待ち受けていれば「飛んで火に入る夏の虫」が来るのだから、そこで攻めるのです。

strategy 29

チームに、勢いのある流れをつくりだす

善《よ》く戦う者は、之《これ》を勢《せい》に求め、人に責《もと》めず。

訳▼戦いに巧みな指導者は、戦闘における勢いによって勝利を得ようとし、兵士の個人的な力に頼ろうとはしない。

たとえ少人数であれ、チームで動く場合に重視するべきなのは、勢いのある流れをつくりだすことです。そのときに、個々のメンバーの能力の高低を問う必要はありません。

ひとつには、能力が低いメンバーに対し、「あいつが悪い」「こいつのせいだ」とその人のせいにして責めてはいけないということです。

チームでうまく仕事ができるようにするためには、人のせいにしていてもしょうがないのです。

そんなことをしているひまがあるのなら、チーム全体の流れを勢いづかせることに力を注ぐべきです。

ちょっとした成功の積み重ねが、勢いを生むものです。営業でいうと、売れたら勢いが出ます。丸い石が、千尋《せんじん》の谷を転げ落ちるような勢いです（円石の計）。ほかのメンバーが売っていると、能力が低いメンバーも「よし、俺もやらなきゃ」「俺にも売れる気がする」という気になります。

全体の勢いをつけることで、売れない営業マンが売れる営業マンに変わるのです。

もうひとつは、できる人の属人的な能力に頼りすぎてはいけない、ということです。スゴ腕のメンバーがいると、つい「彼のおかげで……」「彼女の努力で……」と安易に評価し、「あとは任せた！」とやってしまうことがあります。

最初のうちはいいでしょう。ほめられて、やりがいができて、期待されている分、さらにがんばろうとしてくれるでしょう。

しかし成果を出し、役職もつけば、社内での発言力も増し、ついには「俺がこの会社を支えている」「俺がいないとこの会社はダメだ」と言いはじめたりするものです。

慢心のはじまりです。場合によっては、部下も顧客も引き連れて辞めていったりするのです。

これは、その人に頼ってしまったリーダーの責任です。その人がいる間に、仮にその人がいなくなってもいいようにどうするかを考えていなかったからです。

もちろん、優秀なメンバーがいるのにこしたことはありません。できるメンバーがいることは助かるのだけれど、そこで安心せずに、さらにその先を考えて用意しなくてはならないのです。

いずれにせよ、個々のメンバーの能力の高低に目を向けすぎるといいことはありません。それよりも、チーム全体の流れをどうやってつくるか。どうやって勢いをつけるか。それを優先して考えるべきなのです。

第6章

あれこれやらずに一点に集中する

虚実篇

strategy 30

時間の余裕をもって、5分前行動

先に戦地に処《お》りて、敵を待つ者は佚《いつ》し、後《おく》れて戦地に処りて戦いに趨《おもむ》く者は労《ろう》す。
故《ゆえ》に善《よ》く戦う者は、人を致《いた》して人に致されず。

訳▼先に戦場に着いて敵軍の到着を待ち受ける軍隊は余裕を持って戦うことができるが、後から戦場にたどり着いて、休む間もなく戦闘に駆けつける軍隊は苦しい戦いを強いられる。したがって戦上手は、敵を思うがままに動かして、けっして自分が敵の思うままに動かされるようなことはしない。

早めに動いていれば、いくつか選択肢があったのに、時間に追い詰められると、ひとつしか方法がない、というように追い込まれます。

目的地に時間までに到着するためには、飛行機でも新幹線でも特急でもよかったのに、時間がギリギリになってしまったら「もう新幹線に乗るしかない」ということになりかねません。

さらに悪いことに、時間ギリギリで動くことが習慣になってしまっている人もいます。「いつも何とかなるから、大丈夫だろう」という考えになるのです。

確かに何とかなるかもしれませんが、たとえば遅い時間に駅からのタクシーがなくて30分歩いたとか、何らかのムダを積み重ねている危険性があるのです。

余裕をもって、5分前行動です。小学校で習うようなことですが、ギリギリのくせがついてしまうと時間や交通費、仕事の効率といった何かを犠牲にすることになるのです。

商談に行くときには、先方のビルの受付に5分前には到着しておく。暑い季節に、汗だくで客先に入るより、ちょっと早めに行って、汗が引いてから会ったほうがいいのです。

仕事の進め方も同様です。早めに着手して、早めに準備して、早めに待ち受けておいたほうが有利なのです。

自分の思うように仕事を動かすには、**前倒しで早めに準備をしておく**。追い込まれてギリギリになると、選択肢がどんどん少なくなって不本意ながら、「こうせざるをえない」という仕事になります。

相手に主導権を握らせず、自分がリードするためには、時間の余裕をもつことが重要なのです。

strategy 31

相手を思うようにコントロールして、虚をつく

能《よ》く敵人《てきじん》をして自ら至《いた》らしむる者は、之《これ》を利《り》すればなり。
能く敵人をして至るを得ざらしむる者は、之を害《がい》すればなり。

訳▼敵軍をこちらの思うように動かすことができるのは、敵の利になることを見せて誘うからである。敵軍が思うように動けなくなってしまうのは、動けば敵の害となるように仕向けて動けなくさせているのである。

過去と他人は変えられないとよくいいますが、こと戦いにおいては、自由自在といかないまでも敵をコントロールすることができると、孫子は言います。

相手にとっての「利」と「害」を使い分けるのです。大切なことは、相手の考えや状況を正確に読むことです。

相手が何を考えているのか、どういう判断をするのか。そしていま何を欲していて、何をされるといちばんイヤなのか。

相手のことがわからない、お客さんのことがわからないのは当たり前です。そこから一歩進んで、情報を集め、相手はこうするであろうと予測するのです。そして相手の先回りをして、先手を打ちます。

相手がほしがっているものを提供すれば、相手はよろこんでそれに近づくでしょう。逆に、「相手に、ここには来てほしくないな」というところに来させないためには、相手にとっての「害」を用意しておくのです。

もちろん、勝つために相手をコントロールするのですから、予想して先回りして動いたら、その次には相手が予想もしないようなところや方法で、一気に攻めます。

それが「虚をつく」ということです。

相手の動きをコントロールする目的は、この「虚をつく」ためです。「虚」は、待っていても生まれません。**自分が先回りして動く**ことによって、相手の「虚」をつくるのです。

strategy 32

人がやらないことをやる

千里《せんり》を行きて労《ろう》せざる者は、無人の地を行けばなり。
攻めて必ず取る者は、其《そ》の守らざる所を攻むればなり。
守りて必ず固き者は、其の攻めざる所を守ればなり。

訳▼千里もの長距離を遠征しても疲労が少ないのは、敵のいないところを進むからである。攻撃すれば必ず奪取できるのは、敵が防御していないところを攻めるからである。守る際に堅固であるのは、相手が攻めてこないところを守っているからである。

敵がいないところを歩くのは楽です。これは、独自領域をつくるということです。
自分だけの得意分野、独自領域には敵がいません。するとあたかも、相手が守っていないところを攻めて、攻めてこないところを守っているように、はたからは見えるでしょう。

つまり、**人がやらないことをやる**ということです。誰もいませんから、楽ですし、攻めれば必ず勝てます。ライバルが目をつけないうちは誰も攻めてきませんから、守備も完ぺきです。戦わずして勝つ領域を見つけるということです。

そもそも敵がいないところを進むべきなのです。つまり、完全なひとり横綱、またはあえて敵の少ない小さなマーケットを狙うのです。

身体が大きくて、運動神経もそこそこいい男子高校生が、「何でもいいからインターハイに出たい」というのであれば、サッカーや野球のような競争の激しい人気競技を選ばずに、あえて競技人口が少ない、たとえば水泳部でシンクロナイズドスイミングをするのです。

その都道府県の男子シンクロナイズドスイミングの選手が少なければ、予選を勝ち上がりやすくなります。極端にいえば、選手が県内に3人しかいなければ、何もしなくても常に3位入賞できます。

これが負けない戦い方です。競合が少ないエリアで戦えば、勝ちにいかなくても、インターハイに出られるのです。

人がやらないことをやるためには、みんながどこに群がっているのかを知ることが必要です。人気があって、みんながやる競技を、あえて避けるのです。

すると誰も攻めてきません。「あれ、県の代表になっちゃった」ということです。勝ったとは言いにくいかもしれませんが、負けてはいないのです。

strategy 33

あれもこれもやらず一点集中する

我《われ》は専《あつま》りて一《いつ》と為《な》り、敵は分かれて十と為らば、是《こ》れ、十を以《もっ》て其《そ》の一を攻むるなり。

訳▼我が軍は、一点に兵力を集中させ、一方の敵軍は、分散して10隊に分かれたとすると、敵の10倍の兵力（敵が自軍の10分の1の兵力）をもって攻めることができる。

もともと兵力が同じだとすると、敵が分散して10の部隊に分かれてくれれば、向こうの兵力は10分の1になります。そのとき自軍が分散せずにひとつに結集したままで戦えば、こちらの兵力は10倍ですから、確実に勝てると孫子は言っています。

孫子は本来、相手が自軍よりも大きいときには戦ってはいけないと言っています。しかし、こちらが少なくて敵が多くても、やりようによっては勝てるとここでは言っているのです。

大きい敵とは戦うな。戦わずして勝て。逃げろとだけ言い続けていたら、小さい軍はずっと勝てません。

しかし、多少は敵のほうが大きくても、やりようによっては勝てる戦いができるのです。

重要なことは、あれこれ戦う領域を広げるのではなく、**一点集中する**ということです。フォーカスするのです。

ライバルが新商材を扱ったり、エリア拡大しようとするときは、ライバルが兵力を分散してくれたときです。

そのときに、「うちも負けるわけにはいかない」と追随するのではなく、さらにエリアを絞り込んだり、得意分野に集中するのです。

とくに相手の力が大きいときに、相手が手を広げてきたらチャンスです。ライバルの力が分散されたのです。

そんなときこそ、従来の自分の得意領域に踏みとどまり一点集中する。あるいは、さらに領域を絞り込む。すると、大きな相手であってもその領域では勝つことができます。

せっかく男子シンクロナイズドスイミングでインターハイの県代表になったのに、そこで調子に乗って「個人メドレーもやってみるか」と色気を出してはいけません。男子個人メドレーで新たな多くの敵を相手に戦うのではなく、シンクロ一本に絞り込んでさらに練習を重ねていないと、誰かが男子シンクロに新規参入してきたときには、インターハイに出られなくなってしまいます。

分野を絞り込んだから勝てているのです。そのことを忘れてはいけません。

strategy 34

20年先を見据えて、今日から小さな積み重ねをはじめる

戦いの地を知り、戦いの日を知らば、千里《せんり》なるも戦うべし。

訳▼もし戦闘地点もわかっており、戦闘開始の時期（日時）もわかっていれば、仮に千里も離れた遠方であっても主導権を持って戦うことができる。

孫子は、戦いの場所と戦う日があらかじめわかっていれば、遠い戦場であったとしても、十分な準備ができるから戦ってもよいと言っています。

この「千里」を時間と考えてみましょう。たとえば20年先を見据えて、今から準備をするのです。

今すぐに勝てない相手はいます。あまりにも力の差がありすぎて、とてもかなわない相手です。

しかし、20年先ならどうでしょう。相手が現状のままだとすれば、それを追い抜く

ことはできる可能性があります。戦うイメージができているから、準備もできるのです。

長期のビジョンをたてるのです。ビジネスの場合、企業は30年先だと世代交代してしまうので、計画がくるってしまう可能性があります。20年がちょうどいいでしょう。自分自身が20年後、どうなっていいたいのか、何を身に付けていたいのか、誰に追いついていいたいのか。それをイメージするのです。

たとえば、あなたがアドラー心理学に興味をもったとします。いま現在では、世の中にアドラー心理学の専門家がたくさんいます。いまは彼らに勝てません。しかし、今日から毎日勉強をして、アドラー心理学に関するブログの記事を毎日書いたとしたら、20年後にはいちばんになれるかもしれないのです。

いま60歳の専門家がいたとして、20年後には80歳になっています。そろそろ引退の時期でしょう。あなたがとってかわることができる可能性が高まります。

ただし、あくまでも戦いの場をしっかりと絞り込んでおくことが大切です。アドラー心理学に限定するから、勝てる可能性があるのです。もし、「どうせならフロイトもやっておくか」と、力を分散させてしまったら、本来戦いたいところで戦えないわけです。

自分が戦いたい分野を具体的に明確にして、20年後に戦うと決めると、戦いの主導権をあなたがもつことになります。すると圧倒的に有利になるのです。

10年、20年と、毎日ブログを書けば「こいつは本物だな」と認められます。たまたま2回記事を書いただけでは、誰も見向きもしません。ブログのいいところは、20年前から書いているという事実が残る点です。

もちろんブログでなくてもかまいません。20年後の戦いに向けて、今日から小さな積み重ねの習慣をはじめるのです。

道は遠いけれども、やればできます。

strategy 35

失敗を分析し、現場を見て、相手の判断基準を読み取る

之《これ》を策《はか》りて得失《とくしつ》の計《けい》を知り、之を作《おこ》して動静の理を知り、之を形《あらわ》して死生の地を知り、之に角《ふ》れて、有余不足《ゆうよふそく》の処《ところ》を知る。

訳▼敵の意図を見抜いて敵の利害、損得を知り、敵軍に揺さぶりをかけて、その行動基準をつかみ、敵軍の態勢を把握して、その強み弱み（生死を分ける土地）を明らかにして、敵軍と接触（小競り合い）してみて、優勢な部分とそうではない部分をつかむのだ。

「顧客のニーズをつかめ」とよくいいます。しかし、何が売れたかを分析して得た顧客ニーズは、後付けです。これは、敵の動きを見張っていて、動き出したのを察したら対応するようなものです。それでは遅い。後手に回ってしまうのです。

「顧客ニーズ」は、先回りして予測しなければなりません。**顧客の判断基準を知ること**ができれば、先手を打って待ち構えることができます。

マーケットは、どんなときに、どんなものを求めるのか。それは男性か女性か。年齢層はどうか。そうした顧客が買うか買わないかの判断基準を、徹底的に予測するのです。

ひとつ、多くの人が見逃しがちなポイントがあります。それは、「なぜそのお客様はその日、この商品を買わなかったのか」という視点です。買わなかったデータは、POSなどには表れません。

また、営業マンの日報も、受注した経緯は詳しく書いていても、失注した経緯はあまり書かないものです。

実は、失注したときこそ、お客様の判断基準を知るチャンスなのです。買うか買わないかばかりに集中して、買ってくれたら「ありがとうございます」と言い、買ってくれなかったら「何だよ、まいったな」で終わるのは、データを半分捨てているようなものです。

失注したときこそ、買わなかった理由を聞いてみる。あるいは予想して共有する。なぜ買わなかったのかを考えるのです。

もうひとつのポイントは、現場をよく見るということです。孫子がいうところの

「小競り合い」です。

小競り合いとは、顧客と直接触れ合うことです。たとえば小売店の現場に足を運んで、売り場を自分の目で見る。小売店の話を聞く。

自社の商品が売れていないときに、他社の何が売れているのか。お客様は店内をどう動いているのか、一緒に何を買っているのか。

あるいは、新商品を限られたお店だけでテスト的に販売してみるのもよいでしょう。そこでのお客様の反応を見て、売り方を修正して、「これでいける！」という確信を得たら全国に大きく展開するのです。

相手がどういうところを大切にしているか、どんなときに動くのか、そうした相手の判断基準を知るのです。

それがわかったら、先回りして、「こんな日には、ここにこの商品を置いておけば買うよね」という先手を打つことができるのです。相手が欲しいと思ったときに、はいと差し出すことができるようになるのです。

strategy 36

さまざまな作戦を変幻自在に使い分け、変わり続ける

兵を形《あらわ》すの極《きわ》みは無形《むけい》に至る。無形なれば、則《すなわ》ち深間《しんかん》も窺《うかが》うこと能《あた》わず、智者《ちしゃ》も謀《はか》ること能わず。

訳▼望ましい軍形の極みは無形ということになる。定まった形がなく、意図がまったく見えない無形であれば、深く入り込んだ間諜《かんちょう》であっても動きを見抜くことができず、優れた智謀《ちぼう》をもつ者であっても意図を見抜くことはできない。

孫子がいう「無形」とは、同じ作戦をいつも使うのではなく、味方にも敵にも「こいつはどう動くのかわからない」と思わせるということです。すると、間諜（スパイ）がいようが、敵に優秀な策士がいようが、あなたの戦い方は読めないのです。

決まった形がないということです。そのときそのときに応じてさまざまな作戦で動

きますから、「この人はこう来るね」とか、「この会社は、こうするよね」と予想することができないわけです。

前項で、相手の判断基準を知ることの大切さを説いていますが、逆に**自分の判断基準を読まれないようにする**と、負けない仕事ができるということです。

常に変わり続けるとも考えることができます。一度成功したからといって、その手が次に成功するとはかぎりません。円高か円安か、好況か不況か。あるいは新しい技術が出てきた。環境に応じて、戦い方は変幻自在に変えなくてはならないのです。

カセットテープ、CD、MDの時代に、ソニーはウォークマンというブランドで世界を席巻しました。音楽を携帯するという、新しい生活様式を生み出しました。ところがMP3というデジタル音楽が出てきたときに、変わることができなかったのです。

その隙に一気に市場を制したのが、アップルです。iPodは瞬く間にウォークマンを抜き去りました。アップルが提供したのは、単なる音楽プレーヤーではなかったのです。

ソニーはウォークマンという過去の成功体験、ソニー流という自分たちのやり方を、捨てることができなかったのでしょうか。

　ひとつの形にこだわりすぎると、相手に手の内を読まれます。常に環境の変化を敏感にとらえ、成功体験を捨てる勇気をもち、変わり続けるのです。

strategy 37

水のように合理的に、自然に変化する

夫《そ》れ兵《へい》の形《かたち》は水に象《かたど》る。

訳▼そもそも、軍の形は水にたとえることができる。

常に変化し、決まった形をもたない「無形」は、水のようであるべきだと孫子は言っています。

器によって形を変え、高いところから低いところへ自然に流れる。相手にうまく適合し、ムリなく、自然に、合理的に形を変えなさいということです。

何でもかんでも作戦を変えればいいというわけではないのです。環境に応じて変化することを、素直に受け入れるのです。

水は、合理的かつ自然に動きますが、大きな力をもっています。勢いがあれば岩をも流しますし、使いようによってはものをきれいにします。生き物ののどを潤すこともあれば、「点滴《てんてき》石を穿《うが》つ」ということわざのように、コツコツと長年かけて固い石に穴をあけることもあります。

「上善如水（じょうぜんみずのごとし）」という言葉は、日本酒の銘柄として有名ですが、もともとは老子の言葉です。

老子は、「理想は水のように生きていくことだ」という意味で使っていますが、実は孫子も戦いを、よく水にたとえているのです。「水のように戦え」と。

淀んだ水は腐りますから気をつけましょう。

第7章

臨機応変に動いて先手を打つ

軍争篇

strategy 38

本当のゴールを確信して、遠回りを近道にする

軍争《ぐんそう》の難《かた》きは、迂《う》を以《もっ》て直《ちょく》と為《な》し、患《うれ》いを以て利と為すにあり。

訳▼「軍争」の難しさは、遠回りの道を近道として、憂いごとを有利なものに変えていくことにある。

「軍争」とは、戦場へ敵よりも先に着いて、機先を制する駆け引きのことです。これはとても難しいことだけれど、可能になると有利になり、負けないのです。

孫子は「迂直《うちょく》の計」を教えてくれています。迂回して遠回りしているように見せかけておいて、実は先回りしている。あるいは、後から出発したのに、先に到着するというような、遠回りを近道に変える戦術のことです。

遠回りを近道に変えるとはどういうことでしょうか。現在の仕事に置き換えて考え

てみましょう。戦場とはゴールです。

あなたが営業マンだとします。ある日、経営陣から「この半期のうちに、当初の計画にプラスして1億円売ってほしい」と言われます。

部長、課長はそれを受けて、「10人の営業マン、ひとりにつき100万円の案件を10件プラスして受注するように」という作戦を立て、部下に指示をしました。オフィスの壁に模造紙が貼られ、受注数のノルマ達成度がグラフ化されることになりました。

しかしあなたには不安があります。「自分の顧客を考えると、通常の受注にプラスして10件は難しいぞ」――そこであなたは、視点を変えてみました。

部長からは100万円×10件と言われたが、1000万円×1件と考えても良いのではないか。会社が求めているのは受注件数ではなく、受注金額のはずだ。

自分の見込み客の中に、大口の案件を持ち込めるチャンスがあるから、他のメンバーが10件稼ぐ間に、自分は1000万円を1件取ることを目指せば、それでもいいはずだ。

そこであなたは、1000万円の受注のために念入りに準備をはじめます。相手の置かれている環境はどうか。ベストなタイミングは半期内に来るのか。相手のキーマンは誰か。その人に商談を持ちかけるためには、どうすればよいか。

他のメンバーが件数を増やそうと、朝早くから夜遅くまで走り回る中、あなたはオフィスにひとり残り、綿密な計画を立てます。

それを見た課長は「お前は何やってるんだ！　営業に行かないか！」と怒鳴ります。

しかし、あなたはあえて準備に勤しみます。はたからはまるで遠回りをしているかのようにしか見えないのです。

３カ月後、壁のグラフの他のメンバーの受注数は、３件、４件と増えていきますが、あなたはゼロのままです。不安になりましたが、いまさら作戦を変えてもノルマには届かないでしょう。あなたは自分なりのゴールを確信して、着々と準備を進めます。

６カ月目に、ついに大型案件の受注に成功します。予想以上に大きな商談になり、結果は１５００万円の受注となりました。

半期が過ぎ、他のメンバーは、ある者は8件、ある者は10件、またある者は最高の12件と、それぞれの結果を出しました。あなたは1件だけです。

しかし、ノルマを最高の結果でクリアしたメンバーの受注金額は、１００万円×12件の１２００万円。金額ではあなたの方が上でした。

結果として、あなたは社長賞を受賞します。遠回りが近道に変わったのです。

あなたが成功したのは、**ゴールのイメージをつかんでいたから**です。誰もが100万円×10件にこだわっていたときに、発想を変えたから成功しました。会社が本当に求めていることを理解し、本当のゴールはどこかと考えたから、違う方法でも目標に到達できたのです。

これが「迂直の計」です。遅れて出発したかのように見えて、ゴールにはいちばんで到達しました。長期の戦略やビジョンがあると、短期での多少の速いか遅いかは大したことではないのです。

strategy 39

近道には危険も伴うことを知っておく

軍争《ぐんそう》は利たり、軍争は危《き》たり。
軍を挙げて利を争えば、則《すなわ》ち及ばず。
軍を委《す》てて利を争えば、則ち輜重《しちょうす》捐てらる。

訳▼軍争はうまくやれば利となるが、下手をすると危険をもたらす。もし、全軍を挙げて利を得ようと動けば、組織が大きくなって動きが鈍くなり敵に後れをとることになる。だからと言って全軍にかまわず利を得ようとすれば、動きの鈍い輜重部隊が捨て置かれることになって兵站《へいたん》の確保ができない。

しかし「軍争」は非常に難しいものだと、孫子は繰り返し言っています。「輜重」は荷物を積んだ荷車のことです。「兵站」は戦場で後方に位置して、軍需品・食糧・馬などの供給や補充を行う、物流、ロジスティクスのことです。

前項の営業マンの例でお話ししましょう。

仮に、あなたがとった「1000万円×1件」という作戦を、他のメンバーが「こりゃいいぞ」と全員でマネをしたとしたらどうなるでしょう。

あなたと同様に、思いがけず1500万円の受注につながった人が合計5人。残りの5人は期限に間に合わず、受注ゼロ円ということがありえます。

そもそも一か八かの作戦だからです。合計しても、7500万円の受注ですから、目標には届きません。

全員が一斉に近道をしようとすると、このような危険をともなうのです。


一方、あなたがひとりだけ「迂直の計」を実行することで、チームワークが乱れることも考えられます。

他のメンバーからしてみたら、直属の上司が考えた作戦を素直に実行しただけなのです。あなたは「上司の命令に背いた社員」でもあります。そんなあなたが社長賞をとれば、「やってられないよ!」と考える人がいてもおかしくないでしょう。

また、部長や課長にとってみれば、「あなたたちが立てた作戦は間違っています」と言われたような気持ちになるかもしれません。

けっして、近道でゴールを目指すためには上司の言うとおりにしなくてもいいと言っているのではありません。遠回りを近道にする「迂直の計」が効果的だからといって、安易にやるとさまざまな弊害が起こりうるということです。「迂直の計」は諸刃の剣。うまくやれば負けない仕事ができますが、下手をすると危険をもたらすこともあるのです。慎重に用いましょう。

strategy 40

たくさんの引き出しを用意して、臨機応変に動く

其《そ》の疾《はや》きこと風の如《ごと》く、其の徐《しずか》なること林の如く、侵掠《しんりゃく》すること火の如く、動かざること山の如く、知り難《がた》きこと陰《かげ》の如く、動くこと雷震《らいしん》の如し。

訳▼進撃すべきときは疾風が吹くように敏速でなければならないし、待機すべきときは林のように静まって、いざ敵に侵攻するときは火が燃えるように一気に奪い去り、動かないと決めたときには山のように堂々として決して動いてはならず、陰のように実体を表に見せないことによって敵に味方の情報を与えず、動くときには雷のように突如として機動しなければならない。

武田信玄で有名な「風林火山」が出てくる節です。実は孫子は、「風林火山陰雷」と言っています。「風林火山」に続きが2つあることを知らない人は多いのではないでしょうか。

「ときと場合に合わせて、臨機応変に徹底して動け」と聞くと「ふんふん」と納得し

てしまいがちですが、いざというときに本当にできる人がどれくらいいるでしょう。進むのか、待つのか。攻めるのか、止まるのか。潜むのか、動くのか。そのすべてを、いつでもできるように準備や練習をしておかなければなりません。

いわば、引き出しを増やすということです。知識だけではなく、行動に移せるくらい練り上げた仕事術を、いくつもっているかです。

引き出しを増やすと、仕事に幅が生まれます。状況に応じて、どんな動きもできるからです。

そのためには日ごろから自分の行動を意識していなければなりません。ライバルの動き方を研究するのもよいでしょう。

いつもいつも「風のように速い」だけではダメだということです。先手をとるためには、**そのときの状況に合わせた、メリハリの利いた行動が必要**なのです。

strategy 41

ゴールを全員で共有する

金鼓《きんこ》・旌旗《せいき》は人の耳目《じもく》を一《いつ》にする所以《ゆえん》なり。人既《すで》に専一《せんいつ》なれば、則《すなわ》ち勇者も独《ひと》り進むことを得ず。怯者《きょうしゃ》も独り退くことを得ず。

訳▼鉦《かね》や太鼓、旗や幟《のぼり》などは、兵士たちの耳目を統一し集中させるために用いるものなのだ。既に兵士たちの意識が統一されていれば、勇敢な兵士も勝手に進むことはできず、臆病な兵士も勝手に退散することはできない。

孫子は、大軍を動かすときには全員で目的を共有することが大切だと言っています。そのための手段は何でもかまいません。法螺《ほら》貝でも、狼煙《のろし》でも、ＩＴでも、手段はそのとき、その場に合わせて選択すればいいのです。

問題は組織全体が意識を統一し、目的がひとつになっていることなのです。全員が納得し、共感し、魅力を感じる「旗印」が必要です。

会社全体の「旗印」とは、経営理念や将来ビジョンです。自分たちは何者で、何をしようとしていて、それが実現することでどういう価値が生まれるのかを共有します。

この「旗印」がなく、あるいは仮にあっても共有されていない状態では、いくら「あれをやれ、これをやれ」「仕事なんだからがんばれ」「給料もらっているんだろ」と尻を叩いても、イヤイヤ形式的に仕事をしているフリをするだけで、自発的で有効な行動は導き出せません。

目の前の仕事に、単に「生活のために金を稼ぐ」という以上の、意味や価値を見出し、そこに面白味や成長が感じられるようにするのです。

「旗印」は、ゴールと考えてもよいでしょう。自分たちはどこに向かおうとしているかを、全員が共有するのです。

短期的に小さなゴールを設定することもあるでしょう。「2カ月後のコンペに絶対勝つぞ」――2、3人のチームでも、人を動かすときにはゴールを明確に示します。

パソコンで共有した掲示板に書いておいても、壁に紙を貼っても、ミーティングで繰り返し言ってもかまいません。そのときに応じた手段でいいのです。

メンバーが、バラバラの方向を向いていてはダメだということです。自分たちが今目指しているのは何かということを明確にする。**狙いを明確にして共有しておくこと**を考えると、そのチームは負けません。

strategy 42

気合、根性、勘に頼らず、退くべきときは退いて待つ

正々《せいせい》の旗を邀《むか》うること無く、堂々の陣《じん》を撃つことなし。此れ変《へん》を治《おさ》むる者なり。

訳▼一糸乱れず、整然と旗や幟《のぼり》を立てて向かってくる敵に攻撃を仕かけるようなことはせず、堂々とした布陣で臨んでくる敵にも攻撃をしない。こうした判断ができるのは相手の変化を待って、勝機を探ることのできるリーダーだからである。

「変を治むる」の「変」とは変化、つまり時の流れや状況の変化を見極め、時機を待つことだと考えましょう。

残念ながら、かなわない相手はいるものです。規模の大小の問題だけではありません。理念や目的が素晴らしく、またそれを社員全員が共有し、一致団結しているような相手もそうです。

冷静に見て、自分たちとはレベルが違う、格が違うと認めざるを得ないような場合、無理をして競合しよう、戦おうなどと考えてはならないのです。

将来はともかく、今は、その相手と戦ってはならないのです。戦っても勝てないのですから。

かなわないとわかったら、がむしゃらに戦わずにいったん退くのです。自分に足りないものは何か、相手の優位性はどこかを、謙虚に、真摯に見つめ直し、改善、改良、強化、研究して出直すのです。そして再度挑戦するチャンスを待つ。これが負けない戦い方です。

いわば、**相手と自分の相対的な関係を冷静に見極める**ということです。そのうえで、相手が弱るとか、自分が強くなるとか、相対的な関係が変化するのを待つのです。

いちばんよくないのは、勝てる見込みがない相手に対して、気合や根性、過去の成功体験、勘などを前面に押し出して、ひたすら突き進み、面子や体裁を気にして退くに退けない状態です。

もっとも、気合と根性で突っ込んでいく勇気が必要なときもあります。たとえば製品開発の技術者が「相手の製品開発力にはとてもかないません」と、本気で努力をする前にあきらめるようでは話になりません。

しかし、自分を高めるために努力することと、相手と戦うことは違います。戦いにおいては、相手と自分の相対的な関係を客観的に判断しなければならないということです。

自分の準備ができたからといって、攻めていいわけではないのです。自分が強くて、相手が弱いときを待つのです。相手との関係性が逆転するタイミング、つまり「変」を待つのです。

「弱気だ」「臆病だ」「卑怯だ」と非難されたとしても、退くときは退く。負けないためには、むやみに戦わない勇気を持たなければならないのです。

strategy 43

ネズミを追いつめすぎると噛みつかれる

衆《しゅう》を用うるの法は、高陵《こうりょう》には向かうこと勿《なか》れ、背丘《はいきゅう》には迎《むか》うること勿れ、佯北《しょうほく》には従うこと勿れ、囲師《いし》には闕《けつ》を遺《のこ》し、帰師《きし》には遏《とど》むること勿れ。

訳▼大軍を動かす時には、高い丘に陣取っている敵に立ち向かってはならないし、丘を背にして攻めてくる敵を迎撃してはならない。敗走しているように見せかけている敵を追撃してはならないし、敵を包囲した場合には逃げ道を残しておいてやり、自国に引き上げようとしている敵をさえぎって留めようとしてはならない。

相手が高い丘の上にいるとか、丘を背にしている状態というのは、相対的に相手が有利な状態です。**自分が不利なときには無理して攻めてはいけません**。いったん退くことが大切です。

一方、自分が有利な状態で攻めたとき、逃げる相手を追うな。相手を完全に包囲したときには、相手に逃げ道を用意してやれ。退却する相手を深追いするなと、孫子は言っています。退こうとしている相手は、うまく逃がしたほうが、自分の損害も出ないのです。圧勝すれば、ついとどめを刺したくなるものです。しかしその瞬間に相手からやり返される危険性があるのです。

負けないためには、とどめを刺そうと深追いせずに、相手を上手に逃がすことも必要なのです。

これは、まさに「窮鼠《きゅうそ》猫を噛む」状態を避けるためです。猫に追い詰められたネズミは、いよいよダメかと思ったときには捨て身で猫を噛みます。居直って、異常な力を出すことがあるということです。

深追いにはリスクが伴います。せっかく自分が優勢だったのに、相手が劣勢から挽回するチャンスを与えることになります。相対的な有利・不利が逆転するのです。

第8章

変化をとらえてチャンスにする

九変篇

strategy 44

先輩のアドバイスを素直に聞く耳をもつ

塗《みち》に由《よ》らざる所《ところ》有り。軍に撃たざる所有り。城に攻めざる所有り。地に争わざる所有り。

訳▼戦争において、通ってはいけない道がある。攻撃してはいけない敵もある。また、攻めてはいけない城もあり、奪ってはならない土地もある。

孫子はこの文章の前に、地形ごとに用兵、布陣のポイントを示し、だから「通ってはいけない道があり、攻撃してはいけない敵もある」と言っています。

それはつまり、先人の知恵には従うべきだという主張だととらえることができます。誰かが過去からの積み重ねによって得た経験値、ナレッジは無視するのではなく、そこから学ぶべきだということです。

人の経験を活用することは、限られた人生の中で非常に重要なことです。だから本を読んだり、古典を学んだりするのです。孫子の兵法もそうです。

職場や業界の先輩たちが「こういうときには、こうしたほうがいいよ」というのを、「いや、時代が違うから」と無視をして、独自の新しい道を行きたいという気持ちはわかります。

しかし、聞くべきことは聞いておいたほうがいい。新しいことをしてみるのは、うまくいけば大きな利益になりますが、失敗をすれば時間や経費の損失になります。

自分の経験だけに頼らず、**過去の経験や歴史に学ぶ**。いつもいつも反発するのではなく、先輩のアドバイスを素直に聞き入れる耳をもつ。これも、負けない仕事術のひとつです。

strategy 45

基本をおさえてこそ変化に強くなる

将、九変《きゅうへん》の利《り》に通ずる者は、兵《へい》を用うるを知る。将、九変の利に通ぜざる者は、地形を知ると雖《いえど》も、地の利を得ること能《あた》わず。兵を治《おさ》めて九変の術を知らざれば、五利《ごり》を知ると雖も、人の用《よう》を得ること能わず。

訳▼この九変（九つの対処法）の効用をよく知っている将軍こそが、兵の運用法をわきまえているといえる。将軍とはいえ、この九変をよく理解していなければ、戦場の地形を知ることができても、その地の利を活かすことはできない。
軍を統率しながら、九変の術策を知らないようでは、五つの地の利を理解していたとしても、兵を充分に働かせることができないのである。

「九変」「五利」というのは、それぞれ孫子の時代にあった、戦い方のセオリーのことです。２５００年前の戦争の話ですから、ここでは詳しく説明しなくてもよいでしょう。

この「九変」「五利」は、前段で出てきた「先輩たちが積み重ねてきたナレッジ」のことです。自分が経験していなくとも、先人たちが伝えてきたセオリーだということです。

ここでは、仕事の基本はきちんとおさえておけ、という意味に解釈しましょう。

たとえばビジネスマナーとか、敬語の使い方、ビジネス文書やメールの書き方なども仕事の基本です。

さらにいえば、その職場ならではの業務マニュアルも、仕事の基本です。いつもマニュアルどおりにやればいいというものではありませんが、マニュアルも知らないのでは改善のしようもありません。

一見、古くて意味のない習慣のように見えても、実は深いところに隠された意図があったりするものです。**まずはマニュアルをきちんと理解する**ことです。

また、世間一般の常識は、知っておかなければなりません。新聞は毎日読む。それも一般紙と専門紙。

あるいは、経済学の基礎知識。ビジネスをするなら「金利が上がるとは、どういうことか」くらいはわかっていなければ、話になりません。

他にも、有名な経営者の本を読んだり、自分の仕事に関連する基礎知識を学んだりと、基本といっても奥深いものです。それを常に身につけようという意識と行動があってはじめて、ライバルと同じ土俵に上がることができるのです。

現代の「九変」と「五利」をつかみましょう。

strategy 46

プラスもあれば マイナスもあることを理解する

智者《ちしゃ》の慮《おもんぱかり》は、必ず利害《りがい》を雑《まじ》う。利に雑うれば、而《すなわ》ち務《つとめ》は信《まこと》なる可《べ》し。害に雑うれば、而ち患《うれ》いは解《と》く可し。

訳▼智将が物事を考え、判断するときは、必ず利と害の両面を併せて熟考するものである。有利なことにも、その不利な面を併せて考えるから、成し遂げようとしたことがその通りに運ぶ。不利なことに対しても、その利点を考えるから憂いを除き、困難を乗り越えることができるのだ。

孫子は、ものごとにはプラスとマイナス、表と裏があるのだから、**常に両面から考えておけ**と言っています。

プラスがあっても、「同時にマイナスのこともあるはずだ」と用心しているので、やろうと思ったことが可能になる。逆にマイナスのときにも「プラスの面があるはずだ」と考えるから、必要以上に心配しなくてもすむ、というわけです。

ここでは、マニュアルの弊害について考えてみましょう。前段でお話ししたように、まず職場のマニュアルをよく理解することが大切です。

しかし、マニュアルどおりに行動することには「利」と「害」が背中合わせで存在します。

「こういうときはこうしろ」と言われたから、鵜呑みにしてただやるのではなく、その裏には、逆の意味もあるんじゃないかと常に考えるべきだということです。

「こうすると、こういうプラスがあるんだけど、でも逆にマイナスもあるんじゃないか」と、マニュアルを掘り下げて考えてみるのです。

本当かどうかわかりませんが、ハンバーガー屋さんで「ハンバーガーを10個くださ い」と言ったら、「店内でお召し上がりですか」と聞かれたという笑い話があります。マニュアルやセオリーには、限界があるのです。現場でのセオリーの使い方や使い分けには、微妙なニュアンスが伴います。そこまではマニュアル化されていないのです。

もちろん、マニュアルやセオリーどおりにやること自体はいいのです。しかし、「今からひとりでハンバーガー10個を店内で食べるはずがないだろう」という、そのときのニュアンスがあるはずです。それに配慮して、自分の目で見て判断をしよう、ということです。

マニュアルがあるから均一なサービスが提供できる一方で、決まりきったことしか言えなくなる。似たようなことがあなたの周りでもありませんか？

strategy 47

「まさか」に備えて準備をしておく

用兵《ようへい》の法は、その来たらざるを恃《たの》むこと無く、吾《わ》が以《もっ》て待つこと有るを恃むなり。

訳▼用兵の原則としては、敵がやって来ないだろうという臆測をあてにするのではなく、自軍に敵がいつやって来てもよいだけの備えがあることを頼みとする。

時の流れとともに、自分も相手も、環境も技術も変化します。だから楽観的に考えて準備を怠るようなことはいけない。自軍に敵がいつ攻めて来てもよいだけの備えがなければいけないと孫子は言っています。

安心していてはいけないのです。どんなリスクがいつ襲ってくるかは、誰にもわかりません。**万が一に備えておく**のです。

現在、人工知能が注目されています。ロボットが人間の仕事をする時代が間もなくやってくるかもしれません。

「そんなにすぐに現実化するわけがないだろう」とたかをくくって、何もしないのではまずいのです。

そういうニュースを聞いたら、「もし人工知能が発達したときに、生き残るにはどうすればよいだろうか」と考え、備えておくことが大切なのです。

「やってこないだろう」という臆測で安心するのがまずいのです。自分たちの商圏は小さいから大手は来ないだろう、外資系は入ってこないだろうではなく、いつロボットが来ても、いつ大手や外資系が攻めてきてもいいように、準備をしておくのです。

strategy 48

リーダーには、陥ってはいけない5つのタイプがある

将《しょう》に五危《ごき》あり。

訳▼将軍には、5つの危険な資質があることを考慮しなければならない。

孫子は、将軍には戦争遂行上の害悪となる5つのタイプがあると言っています。軍隊を滅亡させ、将軍を死に追いやるのは、必ずこれらの原因があるので、よくよく肝に銘じて注意しなければならないというのです。

5つのタイプとは以下の通りです。

【必死《ひっし》】思慮が浅く、決死の覚悟だけであれば殺される。
【必生《ひっせい》】臆病で生き延びることばかりを考えていては、捕虜《ほりょ》にされてしまう。
【忿速《ふんそく》】短気で辛抱ができないようでは、相手の挑発に引っかかる。

【廉潔《れんけつ》】体面を気にして清廉潔白なのは、侮辱《ぶじょく》されて罠にかかる。
【愛民《あいみん》】兵や民衆に情をかけて思いやりが強すぎると、その世話で苦労させられる。

この5つのダメなリーダーのタイプは、このまま現在にも通じます。

声だけは大きい気合・根性タイプは、考えが浅ければ空回りするだけです。

自分が生き残ることばかり考える自己保身タイプは、いつか足をすくわれます。

短気で辛抱ができないタイプは、相手の言葉にすぐカッとなって、その場で安易な判断をしてしまいます。

人目を気にしてきれいごとばかり言うタイプは、ちょっとしたことで侮辱されたと勘違いして暴走します。

身内に思いやりがあり過ぎるタイプは、人に振り回されて、肝心の仕事に手が回りません。

どうでしょう。あなたのまわりに、こんなタイプの上司はいないでしょうか。2500年前も現在も、人間とはあまり変わらないところがあるものなのです。

第9章

味方を増やし、チームを組んで人を巻き込む

行軍篇

strategy 49

働く環境とコンディションを整える

凡《およ》そ軍は高きを好みて下《ひく》きを悪《にく》み、陽《よう》を貴《とうと》び陰《いん》を賤《いや》しみ、生《せい》を養いて実《じつ》に処《お》る。是《これ》を必勝と謂《い》い、軍に百疾《ひゃくしつ》なし。

訳▼軍隊というものは高地を好み、低地を嫌うものであり、日の当たる場所をよしとして、日陰になる場所を避けようとし、兵士の健康に気を配って水や草の豊かな場所に陣取る。これを必勝の駐屯法と呼び、様々な疾病も生じない。

孫子は、健康面、環境面での兵への配慮が必勝体制を築くのだと言っています。2500年も前に、兵士に対する配慮を説いたことに感服しますが、これは兵士を甘やかすためではなく、負けないためなのです。

兵の士気が上がり、気力、体力が充実していなければ、勝てるものも勝てない。そのために必要な配慮なのです。

現在の仕事に置き換えれば、職場環境や自分のコンディションを整えることだと考えられます。

いま、会社で心を病む人が増えています。それには必ず職場に何らかの原因があるはずです。病気になったのでは、とても戦うことはできません。

経営者や上司は、社員が健康に働ける環境を常につくっていなければなりません。また、健康診断がちゃんと受けられるとか、長時間労働を制限する、休暇を十分に与えるといった方策もとる必要があるでしょう。

もちろん、各人の努力も必要です。体力がなければ、いざというときに働けません。自己管理も重要な負けない仕事術のひとつです。

次に視点を少し変えてみましょう。人生や仕事で負けないためには、味方をつくり、人を巻き込まなければなりません。**ひとりの力には限界がありますから**、誰かに手伝ってもらわなければならないのです。

人に手伝ってもらうためには、その人に対する環境をよくしなければなりません。他社の有能な人材をスカウトすることを考えてみるとよいでしょう。一緒に戦ってもらうためには、それなりの待遇や環境を用意する必要があります。配慮をするのです。当然、元からいる社員に対しても、一緒に戦う味方ですから、お互いに働きやすい環境をつくらなければなりません。

味方を集めたいのなら、まず環境を整えるのです。鶏が先か卵が先かという議論もあるでしょうが、お互いの配慮があってこそ、戦う集団をつくることができるのです。

strategy 50

相手の態度の裏側にある本質を読み取る

辞卑《じひ》くして備えを益《ま》す者は、進むなり。
辞強くして進駆《しんく》する者は、退くなり。

訳▼敵の軍使がへりくだった口上を述べながら、軍備を増強しているのは、進撃の準備である。軍使の口上が強硬で進撃の気勢を示すのは、退却の準備である。

敵であれ味方であれ、人間は本音を隠すことがよくあります。駆け引きをしているといってもよいでしょう。相手の表面的なものに惑わされずに、**裏にある本音を読み取りなさい**と孫子は言っています。

自信がないのに虚勢を張って、強気な発言をする人がいたり、無口で淡々と仕事をする人が、案外がんばっていたりするものです。

見かけにだまされず、相手の本音、本質を見抜くのです。

そのためには、普段から相手をよく観察しておくことです。本音は何らかの形で、どこかに表れているはずです。そのサインを見落とさないようにするのです。ちょっとした変化に敏感にならなければなりません。

私の場合は、日報を使って全社員の動向や変化を毎日見ています。その際のポイントは、日報に考えたことや感じたことを書かせることです。

自分の行動や、起こった事実などはもちろん書くのですが、さらにそれを現場でどう感じたのか、どう思ったのかを書かせています。これによって、社員の心理や仕事の状態の些細《ささい》な変化や予兆をつかむことができます。

日々仕事をしていれば、何かしら感じることがあるはずです。事件が起こったり、クレームがあったりといった、誰が見ても明らかな情報が日報で共有されるのは当たり前。私が欲しいのはその前段階の情報なのです。

「なんとなく違和感がある……」「なにか不安だ……」「どうもそんな気がする……」といった情報を日報に書いてもらうのです。

この「……」の中に大切な情報が含まれています。気になれば、本人に直接ニュアンスを聞くことができます。

「これってどういうこと？」「何か問題でもあった？」と聞くと、「いや、実は……」と、案外大切な情報や、本音が見つかるのです。

「……」を書いてくれるから、それが見えるし、声をかけることもできます。何かが起きてからでは手遅れです。予兆を感じ取ることが大切なのです。

私は社員に「現場で匂いを嗅げ」と言っています。現場でしか取れない情報、メールや電話では伝わらない情報、社員の微妙な感情の動き。そうした匂いを、意識して日報に書かせ、共有することで、顕在化していない本音、本質を察知するのです。

strategy 51

数精鋭のほうが よいときもある

兵《へい》は多きを益《えき》ありとするに非《あら》ざるなり。
惟《た》だ武《ぶ》進《しん》すること無く、力を併《あわ》せて敵を料《はか》らば、以《もっ》て人を取るに足らんのみ。

訳▼戦争においては、兵員が多ければよいというものではない。兵力を過信して猛進するようなことをせず、戦力を集中させ、敵情を読んで戦えば、敵を屈服させるに充分である。

孫子は、全体を通して「兵力は大きいほうが有利だ」と言っています。ですからこの部分は例外的に、少数精鋭のほうがいいこともある、と言っているととらえましょう。

ただ人数がいればいいというものではない、ということです。あえていえば「烏合の衆」になるくらいなら、少人数の精鋭で戦ったほうがいいということです。

少数精鋭で戦うときのポイントは、**軽率に猛進しない**こと。戦力を集中して敵情を読むことだと言うのです。

たとえば、取引先に新商品のプレゼンに行くときのことを考えてみましょう。中には、社長以下、大名行列のように10人くらいの社員が軍団をつくってプレゼンに向かう会社があります。

しかし、せいぜい1時間のプレゼンタイムに、10人のメンバーは本当に必要なのでしょうか。もちろん、人数で圧倒する、やる気を見せるという効果はあるかもしれません。10人全員に役割がある場合もあるでしょう。

ところが、冠として駆り出された肝心の社長が、あいさつするだけの予定だったのに、いきなり商品の詳しい知識や、プレゼンの意図を突っ込まれ、とんちんかんな受け答えをしてしまったとなっては、プレゼンは台無しです。何のための大名行列だったのかとなるでしょう。

内容をろくに吟味せずに、「社長を筆頭に10人いるから大丈夫だろう」と、人数任せではうまくいかないことがあるのです。

このように、いつでも大きな兵力が強いとはかぎりません。兵力に頼って、相手を軽んじ、準備を怠ったまま突っ込んでいったのでは負けることがあります。ときには事情に通じたメンバーを選んで、意識統一された少数精鋭で戦う。それが負けない仕事につながります。

strategy 52

思いやりがあればこそ、言うべきことは言う

之《これ》を合《がっ》するに文《ぶん》を以《もっ》てし、之を斉《ととの》うるに武を以てす。是《これ》を必取《ひっしゅ》と謂《い》う。

訳▼兵士たちの心をまとめるのに、思いやりをもって交わり、厳正な規律をもって接していくことが必要である。これを目標必達の方法というのだ。

締めるところは締める。思いやるべきところは思いやる。ここはリーダーに対する戒め、部下の掌握術の要を孫子が説いているところです。

部下を指導できない、叱れない上司が増えています。嫌われるのが怖いのか、パワハラと言われるのを恐れているのか、ただ優しいだけで、かえってなめられたり、物足りなさを感じさせてしまうリーダーです。

言うべきことは言う。孫子はこの前の文で「罰する」という言葉を使っていますが、それは「厳しく指導する」という意味です。

部下への思いやりをもつことと、優しく接することは違います。**思いやりがあるからこそ、厳しく指導する**のです。

部下は、必ずそれを感じ取ります。みなさんもそうなのではないでしょうか。入社したてのころは、怖くて仕方がなかった上司や先輩が、実は自分のためを思ってくれていた。逆に、優しい人だと思っていたら、案外無責任な人だった……。

「俺が上司なのだから」と肩書きを笠に着て、大した実力もなく、部下から信頼されてもいないのに、ただ偉そうに指示命令を飛ばす管理者では困ります。

しかし、人の上に立つ立場になっても、なかなか部下に厳しいことが言えない、叱れない上司も困るのです。

同じ言葉を発しても、「パワハラだ!」と受け止められる人と、素直に「わかりました」と聞いてもらえる人がいます。

部下から「この人なら信頼できる」「この人の言うことなら従っていて間違いない」と思われるような人になること。

そうすれば、あなたが言うべきことを多少厳しく言ったとしても、部下はついてきます。

信頼関係は日ごろから育む

令《れい》の素《もと》より信《しん》なる者は、衆《しゅう》と相《あい》得《う》るなり。

訳▼平生《へいぜい》から軍令が徹底され、誠実にそれを守っている将軍であればこそ、兵士たちと上下の信頼関係を築くことができるのである。

上下の信頼関係は、日ごろから醸成されていなければならないものであって、いざというときにだけ期待してもままならないと孫子は指摘しています。

何かやろうとしたときに、方針を打ち出しても、それが徹底できないチームというのは、その方針が徹底できないのではなく、普段から何を言っても現場に徹底されないような風土があるものなのです。

人の上に立ち、チームを動かそうとする人は、常日頃から周囲や部下からの信頼を得られる言動を心がけておく必要があるのです。

決まり事や、方針、理念などは、常日ごろから口に出して伝え、自ら実践し、指導を行っていなければ浸透しません。

そして、日常での行動を部下が見て、「この人なら信頼できる」と思うのです。急に言ってもダメなのです。

いざ本番、というときにチームワークが乱れてうまくいかないのは、日ごろからチームワークがうまくいっていないということです。急に問題が起きたわけではありません。

真の信頼関係は、じっくりと時間をかけないと生まれません。急に、よそ行きの態度をとって着飾っても、見られているということです。

日ごろから誠実にメンバーに接し、厳しく言うべきときにはちゃんと言っているリーダーの下でこそ、負けないチームができるのです。

第10章

「この人のためなら」と言われるリーダーになる

地形篇

strategy 54

いったん原理原則に立ち返ってみる

凡《およ》そ此《こ》の六者は、地の道なり。将《しょう》の至任《しにん》にして、察せざる可《べ》からざるなり。

訳▼これら6つのポイントは、地形についての原理原則である。こうした道理を知ることは、将軍の最も重要な責務であるから、充分に研究し考えておかなければならない。

「地形篇」の冒頭で、孫子は6つの地形ごとに戦い方の原理原則があることを言っています。それぞれの地形によって、戦い方の定石があるのです。それを知ったうえで戦うのと、知らずに戦うのとでは大きな差があるというわけです。

2500年前の戦争においては、地形が重要な意味をもっていました。この教えを現在のビジネスにあてはめて、戦い方の原理原則を知り、いつでもそこに立ち返ることが大切だと考えましょう。

仕事には原理原則、そして定石があります。しかし定石通りにやったら、必ず勝てるというものではありません。当然、敵もその定石を学んでいるからです。

しかし、原理原則を知っているからこそ、その定石の裏をかくこともできますし、敵の動きも予想できるのです。

失敗から学ぶこともできますが、過去の経験知から生まれた、失敗しない定石から学ぶほうがいいに決まっています。

迷ったり、壁にぶつかったときにこそ、**仕事の原理原則**に立ち返るのです。ただし、それを鵜呑みにして、そのまま実行するのではありません。定石通りにやって儲かった会社はありません。

だからといって、定石など知らなくてもよいということにはならないのです。どんな奇策や、新しいビジネスモデルも、仕事の原理原則を知っていてこそ生まれるものだからです。


儲かっている会社の社長の多くは、細部をおろそかにしません。

たとえば、自らトイレ掃除を率先して行う社長もいます。そこまでいかなくても、オフィスに落ちているゴミをさりげなく拾ったり、壁の掲示物が曲がっているのを直したりします。あるいは、オフィスを清掃してくれる業者さんにすすんで「おつかれさま、ありがとう」と声をかけるのです。

百戦錬磨の社長だからこそ、掃除の大切さに立ち返るのです。環境が乱れていると、会社が乱れることを知っているからです。

まさに、原理原則です。現場の最前線で仕事をしていると、案外こうした原理原則を忘れてしまい、気に留めなくなってしまうものです。

常に原理原則に戻る。それが負けない仕事術です。

strategy 55

周りからの評価は、素直に受け入れて改善する

兵《へい》には、走る者有り、弛《ゆる》む者有り、陥《おちい》る者有り、崩《くず》るる者有り、乱《みだ》るる者有り、北《に》ぐる者有り。凡《およ》そ此《こ》の六者は、天《てん》の災《わざわ》いに非《あら》ず、将《しょう》の過《あやま》ちなり。

訳▼軍の状況を見てみると、逃亡してしまったり、弛んでしまったり、落ち込んでしまったり、崩壊したり、乱れてしまったり、敗走するようなことがある。これら6つの敗因は、天災や災厄《さいやく》ではなく、将軍の過失であり人災である。

戦争で負ける側の軍隊には、規律や風紀の崩壊、モラルダウンが起こるものだと孫子は言っています。

敵前逃亡する者、たるんでしまう者、落ち込んでしまう者、へたりこむ者、取り乱す者、負けて逃げ帰る者がいますが、それらは天の災いではなく、将軍に落ち度があ

る人災なのだと指摘しているのです。
何かあれば、天や神や仏や厄《やく》や悪魔のせいにしていた時代に、そんなことでごまかしてはダメだと言い切ったわけです。

ここでは、孫子に「人災だ！」と指摘されてしまった将軍の立場になって考えてみましょう。

チームを負けに追い込んだ責任は、ほかの誰でもない、リーダーであるあなた自身にあります。「あいつらが逃げやがった」「あいつらがだらしないからダメなんだ」と、メンバーのせいにするのは、お門違いです。

また、自分の仕事のリーダーは自分だ、と考えると、あなたが仕事で負けたのは、あなた自身の責任です。仲間のせいでも、上司のせいでもありません。

そして評価は周りの人がするものです。「自分なりには、がんばっていた」といくら言っても、そして実際にそうであったとしても、周囲の人が見て「おまえに落ち度がある」と言うのなら、それは受け入れなければなりません。「評価は他人なり」。自分なりの評価でふてくされてしまう人もいますから気をつけましょう。

その評価をする人は、必ずしも上司とは限りません。３６０度、全方位から評価されているのです。

「よくなかった」と評価された以上はそれを受け入れて、**自らの問題点を改善する**以外にないのです。

strategy 56

苦言を呈してくれる人を大切にする

戦道《せんどう》必ず勝たば、主《しゅ》は戦う無《な》かれと曰《い》うとも必ず戦いて可《か》なり。戦道勝たずんば、主は必ず戦えと曰うとも戦うこと無くして可なり。故に進みて名《な》を求めず、退きて罪《つみ》を避けず、唯《た》だ民《たみ》を是《こ》れ保ちて而《しこう》して利の主に合うは、国の宝なり。

訳▼戦争の道理に照らして自軍に充分な勝算があれば、たとえ君主が戦ってはならないと言っていても、戦ってよい。
逆に、自軍に勝ちが見込めないときは、君主が攻撃を命じたとしても、無理に戦わなくてもよい。
だから、進撃するときにも功名心によって動くのではなく、退却するときにも罰を免れようとせず、ただひたすら人民の命を大切にしつつも、結果として君主の利益にも適《かな》う行動をとれる将軍は、国の宝とでも言うべき存在である。

孫子の言葉を確認すると、君主と将軍がいます。君主は国王。会社でいえば社長です。将軍は現場の責任者。部長というイメージでしょうか。

社長に「右に行ってはいけない」と言われても、現場を知り尽くしている部長が「いや、右で間違いない」と判断したら、あえて右に行くということです。そして、その逆もあります。

社長から「ああしろ、こうしろ」と言われたときに、「はい、わかりました」と何も考えずに実行する人もいれば、言われたのとは違うことをする人もいるのです。

ただ逆らうのとは違います。どちらが会社の利益になるのかを考えて、「違う」と判断したら、たとえ社長命令であろうと、正しいと信じる道を行きなさいということです。

その時、自分の功名心のためでなく、罰を受けるのも覚悟して、部下のことを考え、結果として会社のためになる判断ができる中間管理職がいたら、それは会社の宝なのです。


この話を、国王の立場から考えてみましょう。あなたが何らかのリーダーである場合、周りにイエスマンばかりを集めてはいけないのです。

あなたの考えに苦言を呈してくれる人は、大切にしなければなりません。普通なら腹が立ちます。

「いや、それは違うと思います」「左ではなく、右に行くべきだと思います」と反論されたら、自分を否定された気持がして、「生意気なことを言うな」「なんだ、おまえは」「黙って言うことを聞け」という感情が出てくるでしょう。

しかし、相手が全体の利益や、負けないことを考えて進言してくれているのだ、と受け止め、耳を貸してよく話を聞き、自分が間違っていて相手が正しいと認める度量がなければなりません。

何でもかんでも「イエス」と言って実行してくれるメンバーではなく、**必要なときには立場を超えてノーと言うメンバーこそが、本当の宝なのです。**

上司に歯向かったら、後でどんな目にあうかわからないと思い込んでいる社員は多いものです。明らかに上司が言っていることは見当違いで、間違っていると思っているのだけれど、それを飲み込んで上司に従うのです。

上司は、むしろ自分の言うことを聞かず、反発して「いや、それは違いますよ」と言える人を大事にし、何でも言い合えるチームにするべきです。

自分の都合で文句を言うのではありません。チームの成果を上げるために、ひいては会社のために、上司相手でも「違う」と進言する。

もしかしたらピントがずれたことを言ってくるかもしれません。しかし、本当にチームなり会社のことを思って言ってくれるのであれば、そういう人材こそが宝なのです。

自分が言ったことを、いつでも言われたとおりにするイエスマンに囲まれるほうが、よっぽど危険です。全体のためにどうすべきかを考えてくれる「国の宝」を大切にしましょう。

strategy 57

仲間に関心をもち、叱るときは叱り、ほめるときはほめる

卒《そつ》を視《み》ること嬰児《えいじ》の如《ごと》し。故《ゆえ》に之《これ》と深谿《しんけい》にも赴《おもむ》く可《べ》し。

卒を視ること愛子《あいし》の如し。故に之と倶《とも》に死す可し。


訳▼将軍が兵士たちに注ぐ眼差《まなざ》しは、赤ん坊に対するように慈愛に満ちているものである。だからこそ、いざというときに兵士たちを危険な深い谷底へでも率いていくことができるのである。また、将軍が兵士たちに注ぐ眼差しは、我が子に対するもののようでもある。だからこそ、兵士たちは将軍とともに死ぬ覚悟で戦いに臨むことができるのである。


孫子は、リーダーたる者、部下を慈しみ、わが子のように見守れと言っています。

この文章には続きがあります。

「しかし、手厚く保護しても思うように使うことができず、可愛がるだけで命令も実行させられず、軍律を乱しても統制できないようでは、たとえて言えば、驕慢《きょうまん》な駄々っ

子のようなもので、ものの役には立たない」
溺愛とは違う、ということです。けっして単なる博愛主義ではありません。単に「部下を大切にしろ」と言いたいわけではないということです。「かわいがる」ことの意味をはき違えてはいけません。

叱れないリーダーが増えています。わが子を愛するように、叱ることとほめることを使い分け、メンバーのことを真に考えて育てるための愛情を注ぐことが、難しくなっているのです。

部下に優しいのだけれど、それだけ。そんなリーダーは、すぐになめられてしまいます。また、無関心なリーダーもいます。「それはよくない」と思っても言わないのです。余計なことを言って嫌われるのはイヤだから、黙っているのです。

2500年前の孫子の時代にも、部下から嫌われるのがこわいリーダーがいたのでしょうかね。現在と変わりはありませんね。

仲間を認めるのです。常に関心をもち、ただ溺愛するのではなく、ときには厳しく指導するのと同時に、いいことをすればものすごくほめる。それが本当の愛情です。**「ほめて伸ばせ」というのは、自己保身です。**嫌われたくないだけなのです。うるさく注意をすれば、煙たがられます。

これは親子でも同じです。親が注意しなければ、誰が注意するのでしょう。無関心なのは論外です。常に愛情をもって子どもに関心を示し、しっかり叱り、しっかりほめる。それが教育です。

「自分に関心をもってくれている」「よく叱られるが、それによって自分は成長している」――部下がそう感じてくれるチームは強いです。

どんな困難にも、一緒に立ち向かってくれます。「あの人は自分を認めてくれた」と感じるからこそ、共に戦ってくれるのです。

strategy 58

「天」「地」を知り、を知って「人」を動かす

彼《かれ》を知り己《おのれ》を知らば、勝《かち》、乃《すなわ》ち殆《あや》うからず。
地《ち》を知り天《てん》を知らば、勝、乃ち全《まっと》うす可《べ》し。

訳▼敵の状況や動きを知り、自軍の実態を把握していれば、勝利に揺るぎがない。そのうえに、地理や地形、土地の風土などの影響を知り、天界の運行や気象条件が軍事に与える影響を知っていれば、勝利を完全なものにできる。

前半の「彼を知り己を知らば、勝、乃ち殆うからず」という部分は、「謀攻篇」の最後に出てくる文と同じ意味です（本書66ページ参照）。

孫子は、そのうえでさらに「天」と「地」を知っていれば必ず勝てるのだと言っています。

「天」とは、時流、トレンドや勢い、環境の変化のことです。「地」とはライバル、競合のポジションです。「天地人」をすべておさえておきなさい、ということです。

天と地と人、そのどこに優先度を置くかは議論が分かれるところですが、私は、時流を読む「天」、競合ポジションを考える「地」、そして社内の「人」の順番で考えるべきだと考えています。

「人」が大切なことは当然のことであり、「人」がいてこそ企業があるのですが、その「人」を活かすためにも、「天」「地」を知らなければならないのです。

しかし実際には、小さな会社であればあるほど、「人、人、人」というリーダーが多いものです。

人材を大切にすることは、もちろんよいことですが、あまりに社員の個人的、属人的な努力に依存し過ぎるのもよくありません。

「天」と「地」を知っており、なおかつ「人」の大切さを知るリーダーは、単純にメンバーを甘やかしません。

言うべきことは厳しく言い、叱り、そしてほめる。戦いの全体像をつかんで意思決定ができるリーダーの下に「人」は集まり、もっている以上の力を発揮するのです。そんなチームは、負けないのです。

第11章

窮地で覚悟を磨く

九地篇

strategy 59

時と場合と環境に応じて、柔軟に戦い方を変える

地形とは兵《へい》の助けなり。
故《ゆえ》に用兵の法には、散地《さんち》有り、軽地《けいち》有り、争地《そうち》有り、交地《こうち》有り、衢地《くち》有り、
重地《じゅうち》有り、泛地《はんち》有り、囲地《いち》有り、死地《しち》有り。

訳▼地形（自国と敵国との位置関係）は用兵判断において参考とすべきものである。
それには散地、軽地、争地、交地、衢地、重地、泛地、囲地、死地の九つがある。

「散地、軽地、争地、交地、衢地、重地、泛地、囲地、死地」の意味は、２５００年前の戦争の話ですので、理解していなくてもよいでしょう。

要するに、戦いにおいてはいろいろな環境があり、**環境が変われば戦い方も変えなければならない**ということです。そこで、どのような環境にあっても、まずは受け入れ、その特徴をつかんで柔軟に戦い方を変えなさいと孫子は言っているのです。

環境の変化とは、時代が変わってトレンドや技術が変化することとも考えられますし、場所の変化もあります。

たとえば、東京から大阪に進出しようとしたら、大阪には大阪の環境がありますから、いくら成功した経験があっても東京流を通してはダメかもしれません。であるならば、あえて東京流を捨て、大阪に合わせた戦略にシフトすれば、勝てる余地があるはずです。海外に進出するとなれば、また戦略は変わるでしょう。

常に戦い方を変えるのです。環境が変わったのに同じことをやっていてはいけません。時と場合と、環境に応じて、柔軟に動き方を変えるのです。そして、今与えられた条件をプラスに活かすのです。

strategy 60

内部の壁を取り払い、風通しのよいチームにする

所謂《いわゆる》、古《いにしえ》の善《よ》く兵《へい》を用うる者は、能《よ》く敵人《てきじん》をして前後相《あ》い及《およ》ばず、衆寡《しゅうか》相い恃《たの》まず、貴賤《きせん》相い救わず、上下相い扶《たす》けざらしむ。卒《そつ》離れて集まらず、兵合《がっ》して斉《ととの》わざらしむ。

訳▼昔から戦上手は、敵の前衛と後衛の連携を断ち、大部隊と小部隊が協力し合わないようにし、身分の高い者と低い者が支援し合わないようにし、上官と部下が助け合わないように仕向けて、敵兵が分散していれば集結しないようにし、集合したとしても戦列が整わないように仕向け、戦闘が有利に進められるようにしたものだ。

孫子は、古来からの戦法として、敵軍を攪乱《かくらん》する方法を述べています。攻撃を開始する前に、敵軍の内部分裂や内輪揉め、内部抗争、派閥、離反、反目を生じさせ、弱体化を図るというのです。生々しい戦争の現場が想像できます。

ここでは、こうした状況が自社や自分のチーム内で起きてはいないかを考えましょう。敵から付け入られる隙がないか、見直してみるのです。

社内に部門間の壁ができていませんか。中堅・中小企業で、人数も大して多くないのに、部門ごと、業務ごとに反目したり、いがみ合ったり、会話もなかったり、ということになってはいないでしょうか。

仕入部門や製造部門、開発部門などと、営業部門などでは、同じ会社の仲間とはいえ、業務上の利害は相反することがあります。経理などの管理系部門と、営業系部門も犬猿の仲になりがちです。

お互いに悪意があるわけではないのですが、それぞれ自分の仕事を忠実に、一生懸命やろうと思えば思うほど、部門間の対立が起こりやすくなるのです。

全体の効率を上げるための分業体制が、逆にあだとなって、効率を落とす結果となることがあるので注意が必要です。

部門間の議論や、多少の衝突を恐れてはいけません。不満や要望を抑えて、問題の解消を先送りにするから、敵に付け込まれることになります。

また、人数の多い部署、部門が幅を利かせ、小所帯の部署が肩身の狭い思いをしているということはないでしょうか。

人数が多いと、それだけで声が大きくなって、何でも優先されることがあるので要注意です。何でも多数決で決める、子どものようなことをしていてはいけません。

とくに時代の変化が激しいときに、従来のメイン業務、主要事業部門の声が大きいままで、時代の変化に合わせて新たに設置、挑戦する新規チームの声が通らなくなるのは致命的です。

「まだ売上もないくせに」「まだ利益も出ていないのに」「まずは実績を上げてから言え」などと言ってしまっては、新しいチャレンジはできませんし、社内に亀裂を生じさせることになります。

案外、**敵は内部にいるもの**なのです。社内で利害が反していて矛盾している状態では、勝てません。

そうした壁を取り払い、社内を分断させない。組織に隙をつくらない。そして全体が同じ方向を向き、建設的な意見が飛び交う。そういうチームは、負けないのです。

「小よく大を制す」にはスピードを重視する

strategy 61

先《ま》ず其《そ》の愛する所を奪わば、則《すなわ》ち聴《き》かん。
兵《へい》の情《じょう》は速《すみ》やかなるを主《しゅ》とす。
人の及ばざるに乗じ、虞《はか》らざるの道に由《よ》り、其の戒《いまし》めざる所を攻むるなり。

訳▼まず、敵が重要視しているものを奪えば、こちらの思うように動かすことができるだろう。戦争における要諦《ようてい》は、迅速に動くスピードにある。敵の不備を衝《つ》き、予測していない方法を取り、警戒していない地点を攻めるのだ。

孫子は基本的に、敵と味方の兵力に大きな違いがあるときには、小が大と戦ってはいけないと言っています。

そこで「そんなことを言うけれど、敵が大兵力で攻めてきたら、戦わないわけにはいかないだろう。そんなときはどうするんだ?」と尋ねられて、小が大と戦うときの戦法を答えた部分です。

難敵が来た場合、基本は逃げるのです。それがいちばんなのだけれど、逃げられなくて、戦うしかないという場合にはどうするか、という話です。

万一、小が大と戦うことになったとしたら、**まず相手が一番大事にしているものを取りに行け**。それとスピードだ。そして相手が予測もしていない手を使って、意表を突けと言っています。

ビジネスにおいても、強大な競合企業を相手に立ち向かわなければならないときがあります。

万全の組織、豊富な品揃え、圧倒的な人的パワーで自社の商圏に攻め込まれたら、何ともしようがない、手の打ちようがないと考えてしまいがちです。

しかし、孫子の兵法で考えれば、そういう場合でも打つ手があるのです。ポイントはスピードです。

大きいからこそ、強いからこそ、できないことがあります。代表的なものがスピードなのです。

強大であればあるほど、スピードが遅くなるという弱点が生まれます。それは、おごりや慢心による緩慢さがあるのかもしれませんし、情報伝達の遅れや、組織が分断されて壁ができていることが原因かもしれません。

そこで、小さい方はスピードで勝負するのです。その際、あえて相手の強い部分、得意分野に、スピード勝負をかけてみるのもいいでしょう。それが、相手がいちばん重要視しているものを奪うことになります。

スピードとは、意思決定のスピードです。強大な相手は意思決定がどうしても遅くなるのです。

相手が商品開発に強みをもっているのなら、こちらは商品開発の期間、サイクルの短縮で勝負です。相手が生産能力に自信をもっているのなら、こちらは納期短縮で勝負します。相手が何千人という営業マンを抱えて攻めてくるなら、こちらはエリアを絞り込んで、そこでの営業対応スピードで勝負します。

また、「まさかこんなことはしてこないだろう」と、敵が油断しているところ、すなわちニッチな分野や、手間のかかるサービスで、一気に差別化を図ることもよい作戦です。

敵は大きいことに慢心し、こちらの動きをバカにしています。「そんなことをやって何になる」と油断してくれている間に、スピード勝負です。

その結果、こちらがうまくいって成果が出れば、相手も真剣に取り組んでくるかもしれません。そうなると当然手強いので、相手が本腰を上げる前に、先手を打つのです。

繰り返しますが、大きな相手とは戦わないことがいちばん。しかし、どうにも逃げようがないときには、相手よりも意思決定のスピードが速いことを武器にするのです。

strategy 62

自分を限界まで追い込んで、覚悟を決める

兵士は甚《はなは》だしく陥《おちい》れば則《すなわ》ち懼《おそ》れず、往《ゆ》く所無ければ則ち固く、深く入れば則ち拘《こう》し、已《や》むを得ざれば則ち闘《たたか》う。

訳▼兵士たちは、あまりにも危険な状況に陥ると、もはや恐れなくなり、行き場がなくなれば覚悟も固まり、深く入り込めば手を取り合い一致団結し、戦うしかないとなれば、奮戦するものなのだ。

「軍争篇」で「ネズミを追いつめすぎると噛みつかれるから気をつけろ」と説いていますが（本書147ページ）、ここではちょうどその逆の立場について言っています。いわゆる「背水の陣」になるとわかっているところにも、あえて突っ込んでいくと、従来にはないはるかに大きな力が出るのです。「火事場のバカ力」です。

ちなみに「背水の陣」とは、孫子ではなく、司馬遷《しばせん》が編んだ『史記』の中の「淮陰《わいいん》侯《こう》列伝」に出てくる言葉です。

漢の韓信《かんしん》が趙《ちょう》と戦った際に、川を背にして退却できないように布陣し、兵たちが決死の覚悟で奮戦したことで不利な状況を活かして勝利したという故事に基づいていますが、韓信は孫子の兵法を用いたといわれています。

チームで仕事をすることは大切ですが、ときには、あえて自分の責任でやらざるを得ないような仕事に挑戦してみるのです。

自分で自分を追い込んで、逃げ場のない状態にすると、あなたの能力が大きく開花します。

「もうやるしかない」と覚悟を決めることができるのは、追い込まれたときだけなのです。ですから、ときには自分の覚悟を磨かなければ成長しないのです。

「えい！」と開き直って、退路を断って、**覚悟を決めて仕事をする**のです。それによってあなたの潜在的な能力が引き出されるはずです。

strategy 63

「一蓮托生」の覚悟を共有する

之《これ》を往《ゆ》く所無きに投ずれば、諸《しょ》・劌《けい》の勇《ゆう》なり。

訳▼こうした決死の兵士たちを逃げ場のない窮地に投入すれば、皆が（勇者として有名な）専諸《せんしょ》や曹劌《そうけい》のように勇敢に戦うのだ。

前段で「背水の陣」の大切さをお話ししましたが、ここではその覚悟をチーム全体で共有することを考えてみましょう。

逃げ場のない、絶体絶命の状態に置かれたら、どんなチームも一致団結し、決死の覚悟で戦うようになると孫子は説いています。

そういう状態になれば、とくにリーダーが教えたり、指示したりする必要もない。窮地に追い込まれて、必死にならざるをえないからです。

リーダーは、ときと場合によっては、メンバーをそうした状況に追い込む必要があるのです。

孫子の時代、兵の大部分は、いやいや駆り出された農民兵であって、戦意がとても低かったのです。いつ逃げ出してやろうかと考えているような兵を本気にさせるには、逃げ場をなくして背水の陣を敷き、覚悟を決めさせることが必要だったのでしょう。


会社をよくするのは社長ひとりの力ではありません。経営陣だけが危機感をつのらせたところで、それだけでは何も変わりません。部長や課長が必死になって檄を飛ばしても、一人ひとりの社員が「他人事」だと受け止めていたら、会社は変わりません。

「トップがバカだから、この会社は負けるんだよな」「こんなやり方をしているから、うちの部はダメなんだよな」——社員がそんな会話をしているようではいけません。

メンバー一人ひとりがチームの危機を「自分事」としてとらえ、「自分たちには何ができるか」「自分たちの力でチームを立て直そう」と考えるのです。

「一蓮托生」です。メンバー全員が、背水の陣だと危機感を共有し、対策を立て、それに必死で取り組むのです。

「会社をよくするためには、自分たちがなんとかするしかない」という覚悟が決まれば、メンバーたちは勝手に仕事に必死で取り組みます。

無理矢理に叱ったり、脅したり、おだてたりする必要はないのです。「自分たちがいま本気の力を出さないと、この部署はなくなる」という状況を伝え、それをメンバーが自覚すれば、勝手にモチベーションは上がるのです。

仕事は自分のものであり、**自分の会社は自分がつくっている**のだということを、自覚し、共有するのです。

目の前の仕事が自分たちの仕事であり、その仕事がうまく行くことが自分たちのためになるのだと確信すれば、自ずと仕事に身が入ります。

strategy 64

「私たちは同じ舟に乗っている」と日ごろから言う

呉人《ごひと》と越人《えつひと》の相い悪《にく》むも、其《そ》の舟を同じうして済《わた》り、風に遇《あ》うに当たりては、相い救うこと左右の手の如《ごと》し。

訳▼敵対する呉《ご》の人と越《えつ》の人は互いに憎み合う間柄だが、同じ舟に乗って河を渡ろうとして、嵐に遭遇したとすると、まるで左右の手のように連携して助け合うようなものなのだ。

有名な「呉越同舟」が出てくる部分です。呉と越という敵国同士がひとつの舟に乗るというと、同業他社やライバル、あるいは異業種とのコラボレーションとも考えられるのですが、ここでは前項、前々項を受けて、ひとつの会社の中でどうすれば「背水の陣」「一蓮托生」の意識を共有できるのか、と考えてみましょう。

リーダーがいざというときになってはじめて、「今こそ全社が一丸となって危機を乗り越えなければならない」「背水の陣だ」「一蓮托生の気持ちでがんばろう」と声をあげても、そんなに急に一人ひとりの社員の意識は高まりません。

リーダーは常日ごろから、「僕たちは同じ舟に乗っているんだよ」「渡るときも一緒だし、沈むときも一緒なんだよ」と口に出して言い続けるのです。

業績がよければ、ボーナスが増えるだろう。社員旅行にも行けるだろう。だから一緒にがんばろう。

逆に、会社の業績が悪かったら、給料が下がるかもしれないし、下手をしたらリストラや経費の削減、あるいは倒産ということにもなりかねない。そのときは全員が困るんだ。

だからこそ、部門同士で敵対したり、上司と部下が険悪になったりしている場合ではない。みんなひとつの同じ舟に乗っているのだから。

そう言い続けるのです。業績がいいときも、悪いときもです。

リーダーでなくても同じです。「舟が沈みそうなときに、みんなが勝手に漕いでもしかたがない。チーム全員で声をかけあって連携しよう」「こんなときに上司と感情的に対立している場合じゃない」と考えるのです。「私たちは、同じ舟に乗っているじゃありませんか」と口に出すのです。

さらに言えば、自分たちのチームが何らかの危機に陥ったときには、ライバルであろうと社内の他のチームと手を組んで、同じ舟に乗るのです。

業界全体がおかしくなっているのだとしたら、競合他社と手を組み、同じ舟に乗って協力し合い、危機を乗り越えるのです。

「私たちは同じ舟に乗っている」——この言葉を日ごろから言い続けることによって、いざというときにはすぐに「背水の陣」「一蓮托生」で全員の力を結集できるようにしておくことが負けないためには大切なのです。

strategy 65

「何を考えているのかわからない」リーダーでちょうどいい

将軍の事《こと》は、静かにして以《もっ》て幽《ふか》く、正しくして以て治まる。

訳▼将軍たる者は、表向きには常に平静を保ちつつ、内面の思考は周囲からうかがい知れないほど奥深いもので、何ごとにつけ公正で的確な判断をするから、組織を統治することができる。

孫子は「情報を共有する」「意識を統一する」ことの大切さを訴えていますが、ここでは例外もあると言っています。

核心の部分や、時期尚早な情報、重大な判断は、誰にも悟られないようにしておくことも、必要なときがあるのです。

リーダーの考えていることが浅薄で、部下から「どうせこんなことを考えているんだろう」などと先読みされてしまうようでは、何とも頼りないし、部下が心服することはありません。

少なくとも経営者が、考えていることを軽口でペラペラとしゃべり、その裏に隠しているつもりの本音、本心を社員から見透かされているようでは話になりません。

「社長の考えていることは、よくわからないこともあるけれど、1年後、2年後には社長が言っていたことが正しかったとわかる。だから信じておけば間違いない」という安心感、信頼感が得られるようにしたいものです。

とくに長期的な戦略や、大胆なアイデアは、「何を考えているのかわからない」ぐらいに伏せておいて、ちょうどいいのです。

メンバーは、自分の目の前のことだけを見ています。それに対して**リーダーは何歩か先、そしてさらにその先を読んでいなければなりません。**そんな数手先の話をメンバーにしても、目の前だけを見ているから、何を言っているのかわからないこともあるでしょう。また、いま現在の仕事がリーダーの話と矛盾していると受け止めて、混乱してしまうかもしれません。

数手先の戦略を口に出さないでいると、「何を考えているかよくわからない」と思われるかもしれません。しかし、それでいいのです。後になったらわかるのですから。

たとえば、長期的な戦略や駆け引き、人事構想。そういったことについては、あまり共有すべきではないことがあります。

安易に口に出したことによって、悪気のない部下から、情報が漏れてしまうこともあります。人の口に戸は立てられませんからね。

まだ内外に知らせてはいけないこと。それを見極めて、共有すべきこととすべきでないことを明確に区別することが大切なのです。

strategy 66

クマウスでいな敵をつくらない

始《はじ》めは処女の如《ごと》くにして、敵人、戸《こ》を開くや、後《のち》は脱兎《だっと》の如くす。

訳▼初めは乙女のようにおとなしく慎重にしておいて、敵が油断して隙を見せたら、脱兎《だっと》のように機敏に動け。

こちらの意図や作戦を敵に悟られないようにしつつ、相手を油断させておいて、隙が生まれてチャンスとなったら、一気に攻める。

そのためには、軍全体の統制がとれていなければならないし、情報の取り扱いにも細心の注意が必要です。それができてこそ、「神業」「巧事」と言える、鮮やかな戦いができると、孫子は言っています。

ちょっとうまくいったからといって、偉そうにビッグマウスをたたいていると、嫉《しっ》妬《と》が生じたり、挑発だと受け止められたりするものです。そんなことで余計な敵をつくるのはムダなことです。

調子に乗らない。よけいなことを言って相手を刺激しない。**うまくいったときこそ謙虚になり、おとなしくしている**のです。

次の戦いはすでに始まっています。次の戦いで勝つシナリオや態勢が整わないうちは、極力敵をつくらないほうがよいのです。

自らの意図や戦略、計画を相手に悟られないようにして、次のいざというときに脱《だっ》兎《と》のように俊敏に動くための力を蓄えて、好機を待つのです。

そして、謙虚なあなたを見て、相手が油断するのを見逃さないことです。ひとつうまくいったけれど、おとなしくしているな、と感じると、相手は油断をします。

たとえば競合企業が、「おまえのところにはどうせできないだろうけど、今度うちは新しくこんな展開をするんだよ」と、うっかり手の内を明かしてしまう。

それが油断です。乙女のようにおとなしくしていて、油断を誘うのです。

そのときは「ああ、すごいですね」と言っておいて、すかさずこちらも準備をして、相手が発表する前にこちらが出す。そんな駆け引きをするのです。

普段から、ビッグマウスには気をつけるべきです。本当にすごいことを成し遂げたとしても、ちょっとでも自慢をすると、聞いているほうは「何だよ、あいつ、偉そうに」と感じます。

成功したときこそ謙虚に。大口はたたかない。ＳＮＳで大々的に披露したりしない。嫉妬されていいことは何もありません。それが負けない仕事術です。

第12章
情報の力で人を動かす

用間篇

strategy 67

情報はネットだけに頼らず、人脈と足で稼ぐ

爵禄百金《しゃくろくひゃっきん》を愛《お》しみて、敵の情を知らざる者は、不仁《ふじん》の至りなり。

訳▼間諜《かんちょう》に褒賞《ほうしょう》や地位を与えることを惜しんで、敵の動きをつかもうとしない者は、兵士や人民に対する思いやりにかけており、指揮官失格である。

「用間篇」の「間」は間諜《かんちょう》、つまりスパイのことを指しています。孫子の時代の戦争では、スパイが暗躍し、勝敗の重要な役割を担っていたのです。

何年にもわたって敵国とにらみ合うようなことになれば、かかる費用も莫大になります。しかし勝敗を分ける決戦は、たった一日で終わります。そこで負ければ、すべての努力はその時点で水泡に帰すのです。

そこで重要になるのが敵国の情報を、スパイを使って収集すること。敵方への情報流布活動（プロパガンダ）も必要でしょう。何しろ、決戦の一日には、失敗が許され

ないからです。

そのスパイに払う褒賞をケチって、敵の情報を収集しないのは指揮官失格です。そこで節約した金は、莫大な戦費の中ではほんのわずかな金に過ぎないのです。わずかな金をケチって、比較にならないほどの大金を失い、国まで滅びるようなことになれば、リーダー失格なのです。

2500年前の戦争でのスパイの用い方は、そのままでは現在に通じませんが、孫子の言葉を注意深く読み込むと、私たちに教訓を与えてくれます。

孫子は「先知」が重要だと言っています。**敵より先に、相手の動きをつかむと有利**なのです。そのためには、人間が実際に足をつかって情報を取らなければいけないと言っています。

2500年も前の時代なのに、決して神仏に頼ったり、祈祷《きとう》や占いで知るのではなく、人間が直接動いて情報をつかむことによって、先に知るべきだと言っているのです。

今は、インターネットでさまざまな情報を得ることができます。しかし、ネット上の情報を知るのは「先知」ではありません。相手も同時に得ることができるからです。

またインターネットの情報には、盲信してはならないものも含まれています。また、核心に触れない、あいまいで表面的な内容しか流れないこともあります。

「で、実際のところはどうなの？」という、ニュースにならない裏話も含めた真実は、やはり人間と人間とでないと得られません。

そんなときに、インターネット以上に有用な情報を与えてくれる人脈を、日ごろからつくっておくことです。いざというときに、本音の情報を教えてくれる人です。

たとえば、取引先が民事再生の申請をしたというニュースが、ネットに流れたとします。それは、ライバルも同時に見るものです。

しかし事情通の知り合いがいれば、前日には「実は、まだオフレコなんだけど……」と教えてくれるかもしれません。インターネットに流れる前に、電話一本で入ってくる情報のほうが、早くて信憑性が高いということです。

本当の情報を得られる情報網、そして人脈を日ごろからつくっておくこと。インターネットやメディアに頼らず、自分の足で情報を稼ぐ。これが諜報活動（インテリジェンス）であり、負けない仕事術なのです。

strategy 68

情報は自由自在に集めたり、流したりする

間《かん》を用うるに五有り。因間《いんかん》有り。内間《ないかん》有り。反間《はんかん》有り。死間《しかん》有り。生間《せいかん》有り。

訳▼間諜には5つの用い方がある。因間、内間、反間、死間、生間である。

現在の企業における「間諜」とは、たとえば営業マンだととらえることもできます。また、情報を握っている情報通の人脈をつくることにもつながります。

孫子は、スパイの使い方として5つの例を挙げています。これを、現在のビジネスマンの「諜報活動」に読み替えてみましょう。

【因間（郷間）】

顧客の身近、周辺にいる人間を利用する諜報活動。

近所の人、親族、出入りしている人、取引業者、口コミの評判など。


【内間】

顧客の内部にいる人間をスパイにする。

客先で内部情報を聞き出す、秘書・受付と仲良くなる、顧客の家族など。


【反間】

敵のスパイを利用する。こちらのスパイにしてしまう。

競合の営業マンと親しくなり情報を聞き出す、自社に転職の誘いをしてみる、軽く情報を流してみるなど。


【死間】

死ぬ（失注）からこそ聞ける情報をとってくる。

失注したときにこそ聞ける本音情報をとる、失注してもそこで終わらずに伝えるべき情報を伝えてリベンジに備えるなど。

【生間】

一度で終わらず、二度三度と諜報活動を繰り返す。

受注したら更に突っ込んで色々と裏情報や内部情報を聞き出す、その情報を蓄積し、今後の取引に備えるなど。

営業マン、ビジネスマンの活動を、孫子の時代の「間諜」的に見れば、情報の引き出し方にはこういう種類があるということです。

この中で、重要なのに見落としがちなものが、「死間」です。失注した時点で、「もういいや」と思って、顧客情報を捨ててしまう人が多いのです。

しかし一度は会っているわけですから、次の機会に買ってくれる可能性はあるはずです。今回買わなかった理由を聞いて、データとして残しておくと、将来の見込み客になってくれる可能性があります。

営業マンを間諜だと考えた場合には、意図的に情報を事前に流す、プロパガンダも必要です。情報を集めるだけではなく、意図的に自ら発信するのです。

孫子の時代はニセの情報を流すのですが、現在のビジネスではそういうわけにいきません。

「正しい情報を、事前にお客さんにプロパガンダしていく」「それで相手の判断軸をつかみ、作戦を修正する」と考えればよいでしょう。

たとえばメーカーが小売店を回る際に、ただひたすら自社の商品をアピールするのではなく、「他店で、この商品を、この売り場に、こういう展開をしてたくさん売っているところがありますよ」という情報を流すのです。

正しい判断をしてもらうために、判断の材料を事前に流しておくということです。

情報を流すことによって、相手の考えをつくっていく。新しいやり方に誘導するのです。情報の力で人を動かすわけです。

strategy 69

情報セキュリティの意識を徹底する

三軍《さんぐん》の親《しん》は、間《かん》より親しきは莫《な》く、賞《しょう》は間より厚きは莫く、事《こと》は間より密なるは莫し。

訳▼全軍の中でも国王や将軍との親密度において、間諜よりも親密な者はなく、褒賞も間諜より厚遇される者はなく、軍務において間諜よりも秘密裏に進められるものはない。

間諜は、あくまでも点の情報しかもってきません。その点と点をつないで線にして、さらに面にして作戦を考えるのは、上に立つ者です。そのためにも的確な情報を取ってきてくれる必要があります。

価値のある情報を取ってきて、情報で人を動かすことができるような、間諜と呼んでいいほどの活動をする社員がいれば、上司が情報交換をしたがるので、一緒にいる時間が長くなります。また、それに対するきちんとした評価をされます。

現代のビジネスでも同じように情報が大切なわけです。

さて、これに続く文で孫子は、「間諜が情報を漏らしていたとなると、その間諜本人だけでなく、その情報を知った者はすべて殺してしまわなければならない」とまで言っています。機密保持、セキュリティの問題です。

顧客情報の漏えいで信用を失う会社が後を絶ちません。現在では、情報はほぼ100パーセント、コンピューターで管理されています。パスワード等による閲覧制限があるとはいえ、社員がデータを見ることが、比較的簡単になっているのです。

もちろん、外部からのサイバー攻撃には十分に対処しておかなくてはなりませんが、実は情報漏えいのほとんどは、会社の内部で起きています。

たとえば、かつて仲の良かった同僚が他社に転職したとします。「久しぶり。ところで、お前のところに○社のデータがあったよね。ちょっと教えてくれない？」――とくに悪気もなく、いいよと言って教えた時点で、情報は外部に流出します。

あるいは、仕事ができる優秀な人が、ついついプライベートな友だち相手に自慢話をすることもあります。

また、うわさ話や愚痴を言っているうちに、知らず知らず会社の重要な情報を口に出すこともあるでしょう。

これは、意識の問題です。どこまでが、どうでもいい会社の話なのか。どこからが口外してはいけない重要な情報なのか。

これについてルールを決めて、指導している会社は案外ありません。悪意がなかったとしても、重大なミスです。

孫子の時代なら、首をはねられているのです。情報は正しい判断、正しい意思決定を導き、勝敗を左右する重要なものだからこそ、セキュリティ意識は、十分に徹底しなくてはなりません。

strategy 70

相手方のキーマンは誰かを徹底的に調べる

凡《およ》そ、軍の撃《う》たんと欲する所、城の攻めんと欲する所、人の殺さんと欲する所は、必ず先《ま》ず、其《そ》の守将《しゅしょう》・左右《さゆう》・謁者《えつしゃ》・門者《もんじゃ》・舎人《しゃじん》の姓名を知り、吾《わ》が間《かん》をして必ず索《もと》めて之《これ》を知らしむ。

訳▼一般に、攻撃したい敵や、攻めようとする城塞《じょうさい》、殺害しようとする人間がいれば、必ず事前に、その護衛をしている指揮官や護衛官、側近の者、取次ぎ役、門番、雑役係などの姓名を調べ、間諜に命じて更に詳細な情報を得るようにしなければならない。

攻撃したい敵や城、人がいるなら、必ず事前にその周囲の護衛官や側近、取次ぎ役、門番、雑役係まで調べあげ、それぞれの姓名まで知っておけと孫子は言っています。「そこまでやるか！」と思いますが、成果を出そうと思えば、それだけ周到に、緻密に、慎重に進めなければならないということです。

これを現在のビジネス、とくに営業部門にたとえると、相手方のキーマンを知る、という解釈ができます。

どこかの会社を攻略したいときに、ろくに調べもせずにいきなり行くのではなく、本当のキーマンを事前に知っておくということです。

キーマンとは、決裁権をもっている、または決裁者に強い影響力をもっている人です。それを知らずに、当たって砕けろで飛び込んでも、成果は上がりません。

よくあるのは、たまたま知り合った人を頼って訪問するケースです。法人向け営業や、会社対会社の交渉事の場合、ヘタな人、ヘタな部署を窓口にしてしまうと、失敗してしまうことがあるのです。

知り合いがいるからというひとつの手がかりだけで安易に乗ってしまい、紹介してもらったら、その人がまったく権限のない人で話が進まず、それどころか、その人に会ったがために、相手の会社の社内力学によって、本来のキーマンに会いにくくなる、ということにもなりかねません。

事前の調査がいかに大切かということです。よく調べて、考えて、誰に会うべきかをちゃんと見定めてから動くのです。

商談の内容によっては、職制が上位だからといってキーマンであるとは限りません。それを知らずに行って、「下っ端だ」と軽んじていると、実はその人がキーマンだったということもあります。

相手のことを調べておくことは鉄則ですが、先方のホームページに書いてある内容だけでは情報が足りないことはよくあります。当たり障りのないことしか書いていないのですから。

他社の営業マンから情報を仕入れてもよいでしょう。今だと、個人のフェイスブックくらいは目を通しておいてもよいでしょう。相手の情報は、案外いたるところにあるものです。受付窓口でのちょっとした会話がヒントになるかもしれません。

事前に徹底的に相手の情報を調べる。このことの重要性は、孫子の時代も、現在も、変わりはありません。

strategy 71

いちばん有能な人に情報収集をさせる

惟《た》だ明主《めいしゅ》・賢将《けんしょう》のみ、能《よ》く上智《じょうち》を以《もっ》て間者《かんじゃ》と為《な》して、必ず大功《たいこう》を成《な》す。

訳▼ただ聡明な君主や優れた将軍だけが、智恵のある優秀な人物を間諜として用い、必ず偉大な功績を挙げることができるのだ。

孫子の時代、君主の信頼を得て、のちに宰相《さいしょう》にまでなるような人物は、そもそも間諜として活躍していました。

それだけ優秀な人材を間諜にしたわけです。

そして、その諜報活動で敵の情報をつかむことこそが、戦争を思うように運ぶ要諦であり、その情報が正しく的確だからこそ、それを頼りに全軍を動かすことができるのだと孫子は訴えました。

マーケット、すなわち顧客や競合の動きを把握する情報力こそが、いちばん大切です。ですからリーダーは、自分より優秀な人、チームの中でいちばん有能な人に情報収集をさせるのです。

それができてこそ、チーム全体がその情報に基づいて動くことができるわけですから。

情報力によって、ビジネスの成否が決まるのです。たとえば営業部隊の人数をやたらと増やすことよりも、正しい情報を取ることのほうに、先に力を注ぐのです。

会社の中でも外でも、正確な情報をいかにしてたくさん集めるかがポイントなのです。そして、それらの情報を、どう使うかを考えるのがリーダーの役割です。

いちばん有能な人は「間諜」にしましょう。情報を集めさせるのです。

そして、その優秀な人を使うためには、リーダーは情報を読みこなし、的確な作戦を立てられなければなりません。役割分担です。

これが、負けないチームの基本的な形です。

第13章

永遠に負けないために

火攻篇

strategy 72

新規ビジネスと既存ビジネスを使いこなす

火を以《もっ》て攻《こう》を佐《たす》くる者は明《めい》なり。水を以て攻を佐くる者は強《きょう》なり。

訳▼火を攻撃の助けとするのは、明晰な頭脳や智恵であり、水を攻撃の助けとするのは、強大な兵力による。

この章は主に「火攻め」について孫子が語っています。火攻めにもいろいろあるので、時と場合によってやり方を変え、知恵と定石を使ってうまくやれというのです。つまり、火攻めとは知恵を絞って戦うこと、水攻めとは力を蓄え、規模の大きさで戦うということです。

ここでは、火攻めを新規顧客開拓や、新規のビジネス、水攻めは既存のビジネスだと考えてみましょう。

厳しい時代を生き抜くためには、常に新しいチャレンジを続けなければなりません。新規のお客さんを増やす努力、また新しいビジネスモデルの構築です。

そのときに必要なのが、知恵です。正確な情報を集め、事前の調査をしっかり行い、狭いエリアで試して検証し、穴がないかをチェックし、十分な準備を重ねたうえで、いけるとなったら思い切って踏み込む。

新しいビジネスは、机上の議論だけではうまくいきませんが、現場で試してみる前に十分に準備をする必要があります。まさに知恵を使うのです。

一方で、既存のビジネスも大切にしなければなりません。すでに成功して稼働しているビジネスを通して、大量のデータが、まるでダムに貯まる水のように集まっています。

ダムに貯まる水の量が多ければ多いほど、スケールメリットが生まれ、1件当たりのコストは下がっていきます。

既存のビジネスは、継続して正しく運用することで、時間とともに、どんどん力を蓄えることができるのです。

これらの両方を、同時に行うのです。どちらもおろそかにしてはいけません。**火攻**

めと水攻めは、同時に使い分けると、ものすごく効果的なのです。

たとえば既存ビジネスの顧客をさらに調べると、新しいニーズが発見できるかもしれません。貯まっている顧客リストを対象に、新しい提案ができたら、そのメリットは計り知れません。

火攻めと水攻めを同時に使いこなす。それが負けない仕事術です。

strategy 73

目先の手段と、最終的な目的を明確に分けて考える

利に非《あら》ざれば動かず、得るに非ざれば用いず、危《あや》うきに非ざれば戦わず。

訳▼利益をもたらさない軍事行動は起こしてはならない。勝算がなければ兵を動かしてはならない。危急存亡《ききゅうそんぼう》のやむを得ない状況でなければ戦争を仕掛けてはならない。

戦争、軍事行動はあくまでも手段であって、目的ではないと、孫子は国益につながらないムダな戦いを戒めています。

敵に勝ったり、領土を拡張したとしても、そもそもの目的を果たすことができていなければ、それは不吉な兆候であり、「骨折り損」「時間のムダ」だとまで言っています。目先の勝利に一喜一憂し、目的を見失ってしまう愚を指摘しているのです。

ここでは、手段と目的を混同しないことだと、とらえてみましょう。ビジネスにおいても、元々は手段として取り組んでいるものなのに、いつの間にかそれを行うこと自体が目的化してしまうことがよくあるものです。

ここでは営業の仕事を例に挙げてみます。営業の新規開拓のプロセスは、ざっくりと分けると、

・アポイントをとる
・新規訪問をする
・受注する
・その結果、売上が上がる

という工程をたどります。新規顧客を獲得する目的は、売上を上げるためです。

ところが、「まずはアポイントをたくさんとろう」と、アポイントをとることばかりに集中してしまうと、受注につながらない「無理アポ」を増やしてしまいます。

「新規訪問件数を増やそう」と決めて、そこに集中すると、今度は訪問数ばかり増えるわりに、見込み客の獲得は少なく、必死に外回りをしているわりに受注数は伸びない、ということになります。

本来、受注を増やして売上を上げるためにやっているのですから、訪問したら次の

段階として先方に企画書を提出したり、相手のキーマンを攻略したりと深掘りしなくてはなりません。

しかし「アポ件数」や「訪問件数」を指標にしてしまうと、それらを優先してしまって、肝心な商談進捗が後回しになるのです。

これが、「骨折り損」「時間のムダ」の状態です。「アポとり」も「訪問」も、売上を上げるための手段なのに、その行為自体が目的化してしまっているのです。

手段はあくまでも手段。最終的な成果という目的を忘れて、目先の手段に目を向けてしまっては、何にもならないのです。

自分たちは、何のために戦うのか、何のために仕事をするのか。最終目的を忘れてはいけません。そこにつながらないことは、やってもムダなので、むしろやらないほうがいいことすらあるのです。

strategy 74

一時的な感情をコントロールする

怒りは復《ま》た喜ぶ可《べ》く、慍《いきどお》りは復た悦《よろこ》ぶ可きも、亡国は以て復た存《そん》す可からず、死者は以て復た生く可からず。

訳▼個人的な怒りの感情はやがて収まり、喜びの感情が湧くこともあるし、一時の憤激もまた静まって、愉快な気分になることもあるが、亡んだ国は立て直すことができず、死んだ者を生き返らせることもできない。

孫子は、君主が一時の怒りによって戦争を起こしてはいけないし、将軍が憤激に任せて戦闘に突入してはならないと説いています。

冒頭の「計篇」で、「兵は国の大事なり」と国の存亡を左右するのが戦争だという指摘で始め、「火攻篇」の最後では、君主は軽々しく戦争を起こさないようにし、将軍は軽率な軍事行動を戒めよと説いて、これこそが国家を安泰にし、兵力を保全することにつながるのだと締めくくっています。

大事なことだからよく考え、研究しなさいと前置きしておいて、13篇にわたっていろいろと教え、最後は、戦争の大事さ、大変さがよくわかっただろう、安易に戦争するなよ、と締め括っているのです。

戦わずして勝つ。勝てる戦いしかしない——この冷静な判断が孫子兵法の真骨頂と言えるでしょう。

それなのに、感情的になり激昂して、開戦を決めるようでは話にならないのです。客観的な情報と合理的な判断に基づいて動けという教えは、13篇を通じて一貫しています。これを紀元前500年に言い切ったのですから、さすが「最古にして最高」と言われるだけのことはあります。


感情は時間とともに変わるものです。「コロコロ変わる」が「心」という言葉の語源だという説があるくらいです。

すべての仕事には、人が介在します。顧客であり、競合相手であり、パートナー。すべて人です。一時の感情で、人と人との関係は壊れてしまうことがあるのです。

すると、仕事も当然うまくいきません。感情的になることで負けることがあるのです。

もちろん、感情を持ち込むこと自体が常に悪いわけではありません。「絶対に勝つぞ！　エイエイオー！」という勢いが必要なときもあるでしょう。「こんなやつに負けてたまるか！」という憤慨がエネルギーの源になることもあるでしょう。

しかし、**感情だけで判断して動いてはいけない**ということです。常に、どこかで冷静になっていなければいけないのです。

そこに利はあるか。勝機はあるか。それを見極め、ときには感情を押し殺して、戦うのか、戦わないのか決断する必要があるのです。

strategy 75

負けたと思わないかぎり、負けてはいない

明主《めいしゅ》は之《これ》を慎《つつし》み、良将《りょうしょう》は之を警《いまし》む。此《こ》れ国を安んじ軍を全《まっと》うするの道なり。

訳▼聡明な君主は軽々しく戦争を起こさず慎重であり、優れた将軍は軽率な行動を戒める。これが国家を安泰にし、軍隊を保全する方法である。

孫子は常に、慎重になれ、事前の準備を怠るな、軽率に戦うなと言っています。負けたら終わりだからですね。

しかし、自ら負けたと思わない限り負けてはいないのです。

最後に、孫子の教えを「臥薪嘗胆《がしんしょうたん》」に照らして解釈してみましょう。

「臥薪嘗胆」は孫子の言葉ではありませんが、孫子の少し後、まさに呉越《ごえつ》の戦いから生まれた故事成語です。

孫子が仕えた呉王の闔廬《こうりょ》は、越に侵攻したが敗れ、負傷したことがもとになって死んでしまいます。

闔廬の子、夫差《ふさ》は、父の仇を取ることを誓い、薪の上で寝ることの痛みでその屈辱を忘れないようにしたのです。これが「臥薪」です。

そして、ついに夫差は越に攻め込み、越王勾践《こうせん》の軍を破りました。すると今度は逆に、敗れた勾践は、苦い胆を嘗《な》めることで屈辱を忘れないようにして、後に呉王夫差を滅ぼしたのです。これが「嘗胆」です。

呉越の戦いは、こんなところでも教えを残してくれているのです。

「臥薪嘗胆」の精神とは、負けたと思わずに「必ずいつかはリベンジしてやる！」という気概です。

たとえば、ある顧客から注文をもらえず、業者扱いされ、高飛車な物言いをされて情けない思いをしたとしたら、その悔しさをけっして忘れず、いつかその相手にリベンジを果たすと決めるのです。その悔しさをバネにして、他の顧客を増やし、売って売って、売りまくるのです。

「あんな客を相手にしなければ目標を達成できなかった自分が情けない」と、まるで薪の上で寝るかのように自分を責めるのです。

自分勝手なわがままを言う相手に、ヘコヘコしてつくり笑いをしなければならなかった自社と自分の非力を、まるで苦い胆を嘗めるかのように責めるのです。

そして、自分の力を高め、商品力を磨き、サービス体制を強化して、戦力を整えます。「いつか、ぎゃふんと言わせてやる」と思っている限りは、まだ負けてはいないのです。悔しさを忘れないために、「ぎゃふんリスト」をつくるくらいの気持ちでいましょう。

何年後かに、自社が成長し、自分も力をつけ、評判も高まって、新聞の記事に載ったり、テレビに取り上げられたとしましょう。

そのとき、かつて断られた相手に「あ、あれは以前、断った会社だな。こんなに成長したんだな。あのとき、この会社に頼んでおいた方がよかったかな……」と思わせるのです。

その相手に、「いやぁ、以前は、お宅にお願いできなくて悪かったね。またあらためて提案してもらえないか」「最近、テレビとか雑誌でよく見るよ。調子いいみたいだね」と言わせるのです。

内心、「やったぞ！　リベンジ成功だ！」と思っても、そこはクールに「ありがとうございます。でも、今ちょっと忙しくて時間が取れないものですから、なかなかお伺いできそうにないですね」「来月の後半でしたら時間がとれますが、○日の○時あたりはいかがですか」とサラッとアポをとるのです。

しかし、本当のリベンジはこれからです。まだその相手からお金をもらっていません。その顧客にキッチリお買い上げいただき、十分なお金をいただいて、はじめてリベンジ成功です。ついに、あのときの相手に「ぎゃふん」と言わせることになるのです。

私たちは、ビジネス戦争を戦っています。命までは取られないが、命（人生・キャリア）懸けです。なかよしクラブでも、ママゴトでもありません。

気分や感情に左右されることなく、冷静かつ客観的に判断し、利（国益・利益・成果）を挙げなければなりません。

潰れた会社は元には戻らず、一度道を踏み外し、人生が転落しはじめたら、上昇に転じるのは至難です。

だから、負けない仕事術が必要なのです。**あなたが自ら「負けた」と思ってあきらめないかぎり、いつか逆転のリベンジを果たす可能性が残っています。**まだ負けてはいないのです。

勝てなくても、負けなければいいのです。

人生を、仕事を長期的にとらえましょう。「負けた」と思わずに「臥薪嘗胆」の精神でいましょう。

それができれば、あなたはけっして負けることはありません。

おわりに

孫子の兵法はいかがだったでしょうか。2500年も前の兵法が、現代の仕事に一つでも二つでも参考になっていれば幸いです。最終項では、「臥薪嘗胆」の精神で決して負けない生き方や仕事ができそうな気がしてきたでしょうか。

私は、「臥薪嘗胆」という言葉を初めて知った時の衝撃を未だに忘れられません。負けた屈辱を忘れないために薪の上に寝る！　想像しただけで背中が痛くなりました。敵に屈服した悔しさを忘れないために苦い胆を嘗める！　口の中になんとも嫌な感じが広がりました。

古代中国にはすごい人がいたものだと、小学生だった私は驚くやら感心するやら恐ろしいやら、複雑な気持ちになったものです。

その後、中学生になり高校生になり、悔しいことや腹立たしいことがあると、「臥薪嘗胆」をノートの端に書き込みました。「今に見てろよ」と。だからと言って特に何をしたわけでもありませんが、「臥薪嘗胆」は私が苦しい状況を耐え、頑張る力を絞り出すためのマジックワードになったのです。「あきらめない限り負けてはいない」「死なない限りリベンジのチャンスはある」「失敗から学んで次に活かして成功すれば、失敗はその成功のためのプロセスに過ぎなかったことになる」。「臥薪嘗胆」は私に多くの気付きを与えてくれました。

やがて、「臥薪嘗胆」に驚いた少年は大人になり、経営コンサルタントになりました。若造のコンサルタントです。相手は親よりも年上の企業経営者です。「若造のくせに何がわかる」「偉そうなことを言っているけど経営したことあるのか」と厳しい言葉をぶつけられたこともあります。「くそ〜、今に見てろよ。臥薪嘗胆だ」と、年長の経営者に対抗する武器として孫子の兵法を勉強したら、「臥薪嘗胆」が生まれた呉越の争いが、孫子の舞台だったのです。一気に孫子に親近感が湧きました。「臥薪嘗胆」のエピソードが生まれた時には孫武はすでに呉王に仕えていなかったようで、だから越に負けてしまったのかもしれませんが、有名な「呉越同舟」も孫子からの故事成語だったりして、孫子の教えが意外に身近にあることに嬉しくなりました。そうした孫子との出会いがあって、孫子の兵法が私の仕事の武器になったのです。

私は、この孫子の兵法を、古典が苦手で、漢文なんて大嫌い、漢字ばっかりあってイヤになる……といった人にも知っていただき、親しんでいただきたいと、孫子の兵法をビジネスに応用する「孫子兵法家」を名乗って、本業の経営コンサルティングにも取り入れながら、孫子解説の本を書いたり、孫子兵法の講演を行ったりしています。

最初に書いた孫子の本は、２００４年に出した『これなら勝てる！　必勝の営業術55のポイント』（中央経済社）です。孫子の兵法を営業力強化とＩＴ活用に応用するという画期的（？）な本でしたが、あまり売れませんでした。内容が堅すぎたのかもしれません。

そこで、もっとわかりやすいものにしなければならないと、２０１０年に『孫子の兵法経営戦略』（明日香出版社）という、孫子の兵法を企業経営にどう活かせば良いかを69のポイントに整理した本を出しました。イラストなども入って読みやすいものになったので、そこそこ売れました。

しかし、まだまだ充分に孫子の魅力や価値を知っていただけていないと思い、２０１４年には孫子の兵法をビジネスに応用する具体的なイメージが湧くように『まんがで身につく　孫子の兵法』（あさ出版）という本で、孫子の漫画化にもチャレンジしました。漫画でストーリー仕立てになっていますから読みやすく、わかりやすかったのだと思います。これは結構売れました。孫子ファンの裾野を広げるために多少は貢献できたものと思っています。

ただ、中には漫画だからという理由で敬遠する人もいます。表紙が可愛い女の子の絵で、買うのが恥ずかしいという声もあったようです。女性読者は増えたみたいなのですが、いろいろな人がいますから、孫子の兵法を啓蒙するのも大変です。でも、だからこそ、もっと多くの人に孫子を知って欲しいのです。

そうして生まれたのが、本書です。漫画ではないけれども、読みやすく、わかりやすいように。若い読者が孫子の兵法を仕事に応用するのにスムーズにいくように心がけました。「たしかにわかりやすかった」と言っていただけると嬉しいのですが、本書を読んでわかりにくいとお感じの場合は、漫画の力も利用した『まんがで身につく　孫子の兵法』も是非お読みください（笑）。

本を売り込んでいるように思われてはいけないので、WEB上のコンテンツもご紹介しておきましょう。こちらはタダです。私のWEBサイトに、孫子解説が載せてあり、孫子についてのブログもあります。本書を読んで、孫子の兵法に興味を持ってくださった方には、WEB上でも継続して孫子の研究を深めていってもらいたいと思います。「孫子兵法家」で検索してみてください。

もちろん、わかりやすい方、読みやすい方に向かうばかりではなく、より原典に踏み込み、近づいていくキッカケにもしてもらいたいと思います。

元々の孫子は、本書で取り上げたもの以外にどんなことを言っていたのだろうと興味を持たれた方のために、私も参考にさせていただいた参考文献を挙げておきます。

『孫子』　浅野裕一著　講談社学術文庫
『新訂　孫子』　金谷治訳注　岩波文庫
『戦略体系①　孫子』　杉之尾宜生著　芙蓉書房出版

孫子に関する本はたくさんありますが、拙著に加えて、この3冊を読めばバッチリです。

「はじめに」で「兵学者」と「兵法家」の違いについて触れて、「私は兵法家なのだ」と偉そうなことを言いましたが、漢文をそのまま（白文で）読めない私が、「孫子兵法家」と名乗ったりできるのも、こうした先生方の書かれた孫子解説本があるおかげです。古典としての孫子を勉強される際には、是非参考にしてください。

その際に気をつけて欲しいのが、孫子をただ読んでも、「ふむふむ、孫子はこんなことを2500年前に言っていたんだな」と知識を得るだけで終わってしまい、現実の仕事や人生に活かせない「孫子読みの孫子知らず」となる人が少なくないことです。

孫子は兵法であり、実戦のための書ですから、単に知識や教養として学んで終わりでは意味がないように思うのです。実戦の場で、実践してこそ、孫子の兵法としての価値が引き出されるというものです。私自身も、「孫子兵法家」とか言っていたくせに、消えていなくなった、なんて言われないよう、皆さんと一緒に、日々孫子の兵法を実戦に応用しながら、勝ち残っていきたいと思います。


最後に、本書は、ＫＡＤＯＫＡＷＡの渡邉理香さんの企画、発案がなければ、こうしてカタチにはなっていませんでした。「負けない」という視点も渡邉さんがいてくれたから盛り込むことができました。ありがとう。

そして、孫子の実践は、これまでお世話になった多くのクライアント企業の皆さまあってこそ実現できたものです。この場を借りて長年のご高配に御礼申し上げます。

本書を最後までお読みいただき、ありがとうございました。

長尾一洋

著者プロフィール

長尾一洋（ながお　かずひろ）

孫子兵法家
株式会社ＮＩコンサルティング　代表取締役
中小企業診断士

1965年、広島県生まれ。

横浜市立大学商学部卒業後、経営コンサルティング会社に入社。課長職を経て、1991年、株式会社ＮＩコンサルティングを設立し、代表取締役に就任。

孫子の兵法を現代の企業経営に活かす孫子兵法コンサルティングを行いながら、ＩＴを活用した営業力強化や企業体質強化にも取り組む。自社開発した「可視化経営システム」は、累計3800社に導入されている。

主な著書に、『営業マンは「目先の注文」を捨てなさい！』『仕事の見える化』『社員の見える化』『営業の見える化』（以上、KADOKAWA）、『孫子の兵法 経営戦略』（明日香出版社）、『まんがで身につく孫子の兵法』『リーダーは誰だ？』（以上、あさ出版）、『戦略の見える化』（アスコム）、『すべての「見える化」で会社は変わる』『ＩＴ日報で営業チームを強くする』（以上、実務教育出版）、『営業の強化書』（ナツメ社）などがある。

仕事で大切なことは
孫子の兵法がぜんぶ教えてくれる　　（検印省略）

2015年12月11日　第1刷発行

著　者　長尾　一洋（ながお　かずひろ）
発行者　川金　正法

発　行　株式会社KADOKAWA
〒102-8177　東京都千代田区富士見2-13-3
03-3238-8521（カスタマーサポート）
http://www.kadokawa.co.jp/

落丁・乱丁本はご面倒でも、下記KADOKAWA読者係にお送りください。

送料は小社負担でお取り替えいたします。

古書店で購入したものについては、お取り替えできません。

電話049-259-1100（9：00～17：00／土日、祝日、年末年始を除く）

〒354-0041　埼玉県入間郡三芳町藤久保550-1

DTP／ニッタプリントサービス　印刷／暁印刷　製本／ＢＢＣ

ISBN978-4-04-601448-1　C0034